天下雜誌
觀念領先

稻盛和夫

愈挫愈勇

暢銷紀念版

親筆自傳

Kazuo Inamori
稻盛和夫 著　朱淑敏、林品秀、莊雅琇 譯

稻盛和夫のガキの自叙伝－私の履歴書

稻盛和夫 愈挫愈勇（暢銷紀念版）⊙ 目錄

第1章 017

第2章

第3章

前言

稻盛和夫

時代瞬息改變，無片刻停息。我們歌頌著豐富的物質文明，同時也存在著犯罪增加、青少年觸法及教育問題等種種因人心荒廢所引發的嚴重問題。

近來，找不到出口的不景氣和無差別恐怖行動已經對我們的生活造成威脅。處於這樣的時代相信任何人都會對社會感到不安，對人生感到疑惑，或是在工作經營上面臨苦惱、困境或挫折。

我年輕時代的遭遇也是如此。出生在鹿兒島，少年時代是神氣的孩子王，但是在升學路上屢次遇挫，罹患結核，又在空襲中失去家園，就職過程也不如意。有一段日子我非常苦惱，覺得「反正我做什麼都不順」。當時若是走錯一步，也許就會走錯路。

我和六個兄弟姐妹跟著父母過著貧苦的日子，而不得不早點踏入社會幫忙賺錢養家。大學畢業後，我找到一個技術員的工作，負責研究在當時是屬於全新領域的精密陶瓷，同時也改變了想法，心想「老是憤恨於世終究不是辦法，倒不如抱著希望絕不放棄，並相信會有美好的未來」，就這樣投入研究的工作。結果我不但開發成功而且在各方的支援下得以創業。四十五年後，當年的小公司今日卻發展成年收益超過一兆日圓的京瓷企業集團。年輕的時候連想都不曾想過自己居然會有這樣的未來。

人生本來就是波瀾萬丈、多變難預料，既可能遇見令人羡慕的好運，也有可能遭遇到出乎意料的失敗。人生的明暗之分並不在於運氣，而是在於所持的心相。越艱難的時候越不能失去光明的希望，而一有所成則不該忘記感謝和謙虛的心。不斷向前邁進，從自己的專長著手，全力以赴，人只要有心，任何時候都能重新站起。我的經驗或許能提供給正在探尋自我或有心鑽研經營工作的人做參考，因此決定出版自傳。

至於出版的機緣起於二〇〇一年三月，《日本經濟新聞》「我的履歷書」專欄連載。由於長年以來我一直過著向前邁進的生活，不但沒有餘暇回顧過往，更不曾想過要寫自傳，後來經《日本經濟新聞》再三建議，才開始寫自傳的連載。幸好刊登以後得到眾多讀者的好評，也收到讀者來信反應說，不管是人生或是經營都能從中得到啟發。

連載期間受限於報紙的篇幅，不得不割捨許多情節與說明。但既然決定出版便藉此機會大幅增筆，結果內容超過連載時的兩倍以上。雖然給編輯多添麻煩，但內容變得更為充實。為了避免讓讀者覺得繁雜，所以沒有逐一列出所有幫助過我的人名，這是我要先補充說明的一點。

前次單行本發行時，承蒙日本經濟新聞社大阪本社編輯部的小林隆次、波多野美奈子及西林啟二等三位編輯委員的協助。此次文庫版的發行又得同出版社編輯部坂本憲一先生的協助，在此一併致謝，另外還要感謝京瓷執行委員秘書室室長大田嘉仁先生和經營研究部的木谷重幸先生協助我整理龐大的資料。

二〇〇四年八月

不畏挫折堅持追求夢想

當年出生在九州南端鹿兒島的鄉下人，如今北上京都轉眼已過四十六年。當年離開故鄉時年僅二十三歲，在京都所度過的年數可以說是當時年齡的兩倍之多。儘管如此，到現在無論是講話措辭或待人舉止，仍然不及道地的京都人那般文雅，我的薩摩士根性依舊不變。

我和京都本來毫無任何淵源，但建都一千兩百多年的京都果然胸襟開闊，讓我在此有容身之地，而公司的名字也借用了京都的「京」字，京都所賜給我的恩惠著實難以衡量。

二十多歲時，我和七位摯友蓋下血印，創立了京都陶瓷，而今日的京瓷卻已經發展成員工一萬四千人，企業集團員工總數多達四萬人的企業。這段歷程當然困難重重，跟我艱辛曲折的成長過程，挫折迭起的青少年時代不相上下。

我的父母都是小學畢業，家裡孩子多生活貧窮，說不上是個能用功讀書的環境。雖然不能把責任都歸咎給環境，但首先在中學入學考時就嘗到落榜的敗績，隔年重考也不及格，後來因學制改革，才能不必考試就升上高中，但考大學的時候，又再度被志願的學校擋於門外。就職時四處奔走卻徒勞無功，最後經由教授介紹好不容易才找到的工作，結果竟然是一家瀕臨破產邊緣的公司。

唯一順利的是進入離家不遠的一家公立小學就讀，但升上中學時不料卻感染上肺結核，也親眼目睹叔叔因肺結核而過世。往後我之所以會對精神的領域感到濃厚興趣且得以剃度，或許是小時候對死亡的體驗一直留在心底深處之故吧。

一再面臨挫折的坎坷人生中，我竟然沒有變得性情乖僻也不至於憤恨嫉俗，那都是因為每到緊要關頭都會有「神的援手」出現，遇見貴人給我勝於親情的恩情，令我不得不相信那的確是天助。例如當我罹患結核、身體虛弱時，代我提交報考文件又陪我去參加入學考試的小學老師；還有因為說服要我放棄升學，儘早工作賺錢的父親，而讓我一時絕望的大學夢得以實現的高中老師。

就在我技術開發成功正想創業時，一位京都的公司要員竟然願意抵押個人房地產為我籌措創業資金。其他還有許多待我如此的大恩人，缺少其中任何一位都不可能會有今日的我、京瓷和ＫＤＤＩ（第二電電）。

我該做的就是把公司經營成功，才不至於辜負眾人期待，並且必須是

與同班同學攝於櫻島（第二排右起第三人為稻盛）

對社會、對世人有貢獻的公司。因此我幾近發狂埋頭研究，因為我相信即使缺乏才能，但只要有滿腔的熱血就不會落於人後，而且更重要的是堅定的心。心所不渴望的事物絕不可能自動靠向自己，人生會照著心所描繪的進行，我一直是這麼想的。

戰爭結束後不久我即升上高中，有一次國文老師在課堂中說：「我每天都在戀愛。」老師的意思是指每天往學校走去的沿途都看得到櫻島，那坐鎮於海面上的雄偉景象，氣勢磅礴像是要穿過天際的噴煙，以及充滿活力的姿態，在在都讓老師戀戀不已。

老師接著說：「國家雖然戰敗了，但年輕的你們千萬不能失去希望，要像櫻島那般熊熊燃燒。」這段話給了我極大的勇氣，讓我一直到即將迎接古稀的今日還不斷在追求夢想。

雖然不是櫻島，但從我的辦公室可以看見比叡山，牆上也掛著一幅西鄉隆盛的名言——「敬天愛人」的書匾。「道乃天地自然之物，人以之行，應以敬天為目的」，道本是由天地自然所形成。我把這南洲翁的遺訓作為京瓷的社訓，同時努力實踐提高心靈層次與無私的經營，以下就是我人生歷程的一端。

第1章

一哭三小時

靠近鹿兒島市中央的城山是西鄉隆盛戰死之地，而我就出生在位於城山下方甲突川河岸邊的藥師町（現改稱城西縣）。我的生日原本是一九三二年（昭和七年）一月二十一日，但不知何因，戶籍上的記載卻是三十日，或許是父母太忙晚了幾天才去申報戶口吧！

我的父親名叫畩市，母親叫姬美（日文原名為キミ），我排行第二，有一個哥哥，兩個弟弟和三個妹妹，一家共九個人。小時候的記憶總是離不開眼淚，我不但內向而且纏著母親不放，母親走到哪我就拉著母親和服的衣角跟到哪。母親忙著做手工副業分不出手來理我的話，我就開始哭，哭著哭著發現母親根本不在意，就哭得更大聲。拳打腳踢地耍賴，要是踢到紙門破了一個大洞，母親就真的會生氣，而我也就哭得更久，就這樣反覆不停。

怪不得母親常說：「這小鬼一哭起來，沒有三個小時絕對不會停的。」可是長我三歲的哥哥利則卻非常乖巧聽話，所以母親也說照顧我一個比照顧兩個孩子更費事。每次我哭累了就會鑽到桌子下，那張木桌子底面的年輪曲線看起來有時像海，有時像山，或像是一層層的波浪，那種奇妙的情景現在仍然會在腦海中浮現。

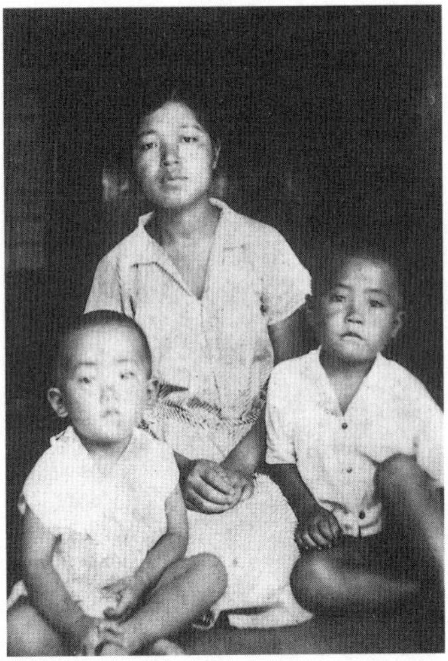

母親和哥哥利則（右）（攝於稻盛五歲、鹿兒島自宅）

童年還有另外一個記

憶，那就是機器馬達轟隆作響的聲音。父親原本在一家印刷廠工作，一位常進出工廠的紙業批發商看見父親工作認真，願意提供中古的印刷機讓父親在家的旁邊設一個獨立的作業場，而我就是在那時出生的。

父親工作時非常謹慎，為了信用即使徹夜趕工也一定準時交貨，而且對工資報酬從不抱怨。那位紙商因此越發看重父親，好意搬來了一架自動製紙袋機對父親說：「機器的費用過幾年再付也沒關係，我會先介紹客戶給你。」雖然父親一再以資金不足而拒絕，但那位紙商卻執意如此。手藝好但缺乏野心，就是父親當年的評價。

於是，父親請鄰居的太太們來幫忙，雖然常常工作得很晚，但全家聚在一起吃晚飯的時候總是熱熱鬧鬧，歡歡喜喜的。當時母親不但一手包辦所有的家事，而且在作業場指揮那些太太們工作，母親活潑爽朗的個性跟木訥老實的父親簡直是強烈對比。

母親若是看見孩子們吵架吵輸帶傷回來，她就會在我們手裡塞一把掃帚把我們趕出去說：「還不快去報仇。」鹿兒島的男人一直給人大男人主義的印象，但聽說也有不少表面遵從丈夫卻實際掌有實權的太太，看來我們家大概就是這種典型吧。

父親的作業場掛著「稻盛調進堂」的那一段日子，雖然業務興隆但工資報酬不高，所獲的利益也相當有限。但是父親認為可以養活一家就已足夠，與其擴大業務不如堅守現狀。所以為了賺取那一點點微薄的利益，不得不連星期日也從早到晚操作機器不停工作。

偶爾休息時，曾經全家一起去櫻島採枇杷，當時櫻島的山坡整面都是枇杷園，我們一到那裡，當然是先採來大快朵頤，然後再把背包塞得滿滿的帶回家。夏季八月的盂蘭盆連休期間或是過年的時候，父親也會帶我們去甲突川上游的河頭溫泉，當父親一說要去河頭時，孩子們都大聲歡呼，因為上菜時一定會有壽喜燒，也許那是父親唯一的奢侈吧！

平時哥哥就是我最要好的玩伴，我們常去甲突川釣魚，而我總是提著一個水桶跟在哥哥後面，當哥哥接二連三釣到鯽魚和小蝦放進水桶裡的時候，附近的孩子們都投以羨慕的眼光盯著我的水桶看，雖然我連一隻也沒釣到，但還是覺得很驕傲。母親將小蝦子用醬油和糖連殼一起煮得甜甜鹹鹹的，就是我們常吃的點心。

甲突川的河水非常清澈，夏天我們脫掉衣服，只剩一件丁字內褲就跳進河裡游泳，抬頭可見滿是綠蔭的城山，一點都沒有市中心的感覺，我就是在這麼充滿自然氣息的環境中長大的。

回想著這些童年往事和雙親，不禁起了一個疑問，我到底像誰呢？

父親做任何事都非常慎重，戰後的那段混亂期間，母親希望父親能跟以前一樣繼續從事印刷業，但是必須很多錢才能買一部印刷機。父親不肯輕易冒舉債的風險，不管母親怎麼勸說就是不肯點頭答應，當時母親的心情想必心急如焚。我在企業經營上也非常慎重，堅持零負債的經營理念，這點毫無疑問必定是遺傳自父親。

相對的母親卻非常開朗樂觀，關於這點我跟母親完全一樣。無論處於多麼艱難的困境，我都不氣餒，而且不忘經常保持開朗的個性，顯然這是得自母親的遺傳。

父親畤市是四兄弟的長子，二十歲的時候母親過世，也就是我的祖母。弟弟們年紀尚幼，於是有人為祖父七郎再婚而說親，但後來決定不如讓長子結婚比較妥當，於是我的母親嫁給了我父親。

母親新婚時年僅十九，就要照顧三個弟弟，父親開始獨立經營印刷業後，母親既要照顧一大家子的人，又要幫忙父親的事業，辛勞可想而知，但她卻毫無怨言也絲毫不以為苦。

看起來天不怕地不怕的母親，對待孩子們卻非常溫柔。每年的十二月十四日是歷史上的赤穗浪士復仇之日，在鹿兒島五年級以上的小學生都必須要到學校，從傍晚開始跪坐在教室硬邦邦的地板上聽校長讀完整本的《赤穗義士傳》。鹿兒島雖然位於南方，但這個季節依然非常寒冷，冰冷加上雙腳發麻，老實說實在是聽不進去，更何況還要一直跪著聽到晚上十點。

好不容易回到家身體早就凍僵了，母親一定在門口等著，也在火盆旁邊準備好熱騰騰的紅豆湯圓。母親會說：「來，這碗給你慢慢吃。」再把一大碗又香又甜的紅豆湯圓遞給我。我二話不說立刻低頭猛吃，看起來就像一頭栽進熱煙裡似的，母親總是在旁微笑地看著我。現在只要看見紅豆湯圓，都讓我感覺好像當年的母親會從熱煙中出現。

孩子王的醒悟

稻盛家的愛哭鬼終於在一九三八年（昭和十三年）的春天進入小學就讀。母親帶著我到家附近的西田小學參加入學典禮，典禮過後各班都回到自己的教室上課。

到此為止一切還算順利，但是等老師說完一陣子的話，最後說「請各位家長離開」時，我整個人呆住了，想到母親就要丟下我一個人自行回家，忍不住就流下眼淚，母親見狀不放心離去，所有的家長中只有母親一個人留在學校直到放學，後來每提起這件事母親就說：「從來沒有那麼丟臉過。」

之後聽說母親費盡心思，才讓一直耍賴不肯上學的我到學校去。有時是母親、哥哥或住在一起的叔叔輪流哄勸我，有時則是硬把哭著不肯上學的我押到腳踏車上載去學校。沒想到一年後，我居然所有科目的成績都得甲等，讓雙親大吃一驚，母親高興得告訴左鄰右舍說：「我家的和夫啊，成績都得甲等，所有親戚的孩子裡沒有一個能像他這樣的。」

可惜我的優良表現到此為止，當年若是照著母親所稱讚的那般真的發奮用功，或許會成為一個真正的優等生。但我的父母不曾對孩子們說「去讀書」，而且我們家裡也沒有書。大部分的朋友家書架上都有一整套類似文學全集的書，我問父親：「為什麼我們家沒有書呢？」父親就回答：「書又不能當飯吃。」

稻盛家還有一個異類，跟勤勉老實的父母完全不像，就是父親的弟弟，也就是我的叔叔兼一，幫忙父親做印刷和外務的工作。叔叔跟父親完全相反，是個現代化的年輕人，孩子們都喜歡他。每到星期天，叔叔都會邀我說：「喂，和夫，要不要去看電影？」說得誇張些，我幾乎是因為有兼一叔叔在，才開始接觸外界的事物。

昭和時期的少年們最崇敬軍人，聚在一起就喜歡玩打仗的遊戲，尤其薩摩地區更有重武的風氣，西田小學也是以「強、義、美」為宗旨。我和一群愛玩的同伴整天玩在一起，不知不覺終於告別了愛哭的個性，同時也跟用功讀書越離越遠。

懦弱的膽小鬼也能變成堅強的人，這是拜鹿兒島獨特的鄉中教育所賜。所謂鄉中教育本來是為武士階級的子弟所設的學塾，稱為寺子屋。明治時代以後，保留作為讓前輩指導後輩的中小學生鍛鍊身心的場所，自古流傳到薩摩藩的「示現流」劍道也借此得以傳承。

受鄉中教育影響，漸漸地我的想法變成必須站在頂端才算是個男人，也嘗到了支配人的快感，孩子王的本性終於顯現出來。通常我負責把玩伴分成敵人和同伴兩隊，指派誰當前哨、誰當傳令，但光是強壯有力還不足以勝任領導人，氣魄和毅力也很重要，所以我會用雜草作成勳章，或拿糖果來增強士氣。那時我領頭的人數規模充其量不過是個小團體，但如何掌控這個團體卻成了我最關心的大事。

當時還有另一段插曲，有一個從台灣回到日本的同學，頭頂上有一個一分錢大的圓形禿而被大家嘲笑，我覺得他怪可憐的，有時會站出來為他說話，他也許覺得我對他有恩吧，隨後成為我的手下之一。他家的院子裡有一棵很大的柿子樹，到了秋天結果時他對我說：「爺爺說平時稻盛君對我很好，要我帶稻盛君和同伴們一起來採柿子吃。」可是其他的孩子離他家甚遠，而我則忙著玩打仗，誰也沒把他的邀請當真，可是他好像是故意要討好我，再三叫我至少也要去一次。

既然他這麼熱心，有一次我就說：「好吧，我去。」可是他卻說：

妹妹綾子的七五三祈福儀式（左後方為稻盛）

「今天爺爺不在家，不行。」過了幾天我再問他，他又說：「今天爺爺也不在。」如此反覆數次，我開始不耐煩跟他說：「既然是爺爺叫我們去的，爺爺不在家又有什麼關係？」說完即率領手下眾人到他家去，本來也想過應該等他爺爺回來比較妥當，可是若就此返頭離開，豈不讓他正中下懷。於是我不理會他一副為難的樣子，跟手下一起把院子裡的柿子統統摘得乾乾淨淨。

到了傍晚，他爺爺回家看見自己引以為傲的柿子樹變得光禿禿，見不著一顆柿子的影子，隔天氣沖沖跑來學校大發脾氣說：「我孫子說，有個叫稻盛的小子，跟他說不行還硬要來摘，簡直太不像話！」真是冤枉，我才是被騙的受害人啊！

這件事給了我一次痛切的教訓，不可立刻相信別人說的話，某人說「好」的時候，其實也有可能是「不好」的意思，這並不是語彙上的問題，而是說話者的人格問題。這件事也讓我在當王的孩提時代就學到如此富哲學意義的教訓。

由於貪玩不讀書，到了六年級成績都不好，平時又不認真寫作業，所以沒有給老師留下好印象，向老師提問時老師不太理會我，卻對家庭環境好的學生特別好。這次的柿子事件老師當然偏袒他，我氣不過，率領同伴們在放學回家路上把他修理一頓。

隔天被老師教訓，我抗議說：「老師偏心，不公平啦！」老師說：「別狡辯。」就動手揍了我好幾拳，我在心裡大喊「這是正義之戰，我沒有錯」，臉頰被打得通紅也咬牙忍住，最後媽媽被叫到學校來。

回到家，晚飯的時候我非常不安只能默默低著頭吃，一向沉默寡言的父親許久才開口問：「今天是怎麼了？」我只回答：「老師偏心，是老師不對。」依然不肯認錯。父親又問：「那你是相信自己正確才這麼做的，是嗎？」我回答：「嗯。」父親沒有再說什麼，父親的沉默表示對我的信任，是我最大的安慰。

但是，這種正義感，往後卻成了扯我後腿的原因。

因喪氣而得病

一九四四年（昭和十九年）的春天，我即將從鹿兒島市立西田小學畢業，面對中學的升學考，我毫不猶豫報考了一所名校，鹿兒島第一中等學校。雖然小學的成績幾乎都是乙等，但我並不擔憂，因為班上只要是成績中等以上的同學，幾乎都想考上第一中學，我是帶頭的孩子王自然不能服輸。

不過，我有不好的預感，因為每次跟老師發生爭執，被老師處罰時，老師都會說：「像你這樣的學生，論成績、論平常表現，絕對進不了第一中學。」結果我的預感竟然成為事實。

由於不曾想過報考其他的中學而沒有多做準備，不得已只好就讀尋常高等小學（譯註：日本自明治維新到二次大戰期間，小學的學制分為尋常小學〔四年〕和高等小學〔二年或四年〕，戰後一九四七年頒佈學校教育法與學制改革，將高等小學改為新制中學）。但叫人難堪的是不久之前還是我手下的那些人和有錢的公子哥兒，一個一個穿上第一中學的制服，好不神氣。

我變得垂頭喪氣而被病魔纏身，就在那一年的年底，在滿洲（中國東北部）當警察的兼一叔叔回來，我和叔叔一起睡，不知道是不是叔叔身上蝨子的原因，我突然發燒，身體發虛。母親擔心有可能是結核病，趕緊帶我到醫院，結果檢查出是初期的肺結核，不吉祥的預感又一次被猜中。

為何母親會懷疑是結核病呢？原因是住在我們家旁邊的叔叔和叔母都因結核過世，而父親最小的弟弟也患有結核病，出現咳血症狀。當時結核是不治之症，家裡若有結核病患，都不願讓外人知道而在家自行照顧，但終究無

兼一叔叔（前排右起第二）出征時（前排最右邊是稻盛，稻盛的上方是父親畩市）

法隱瞞太久，後來我們家甚至被閒言閒語說成「稻盛家是結核的巢」。

得病之後我很不安，不知道自己是否也會像叔叔們那樣吐血、消瘦而死去，曾經意氣風發的孩子王，如今卻是意氣消沉。

就在我發燒、頭暈，整天躺在床上的時候，鄰居太太拿著一本書，隔著圍牆遞給我說：「小和夫，這本書可能有點難，不過希望你讀讀看。」原來她給我的是生命之家（宗教性社會團體）創辦人谷口雅春所寫的《生命的實像》。我一看書名並不懂這是什麼書，看見住在一起的叔叔已經病入膏肓，我只好把這本書當作一線生機，一字不漏地翻閱。

書中有一句話：「我們的心裡有一個磁石，會把周圍的事物吸引過來，無論是刀劍槍枝、災難疾病，或失業都是由心而引起的。」

當時年紀雖輕，對這句話卻頗有所感，以前每次經過患結核病的叔叔家，我都怕被傳染而捏住鼻子快跑而過，加上父親跟我們說過「不要到那裡去，會被傳染」。我自己也曾借過幾本醫學書來看，知道結核病是由空氣感染，才會捏住鼻子。但畢竟我只是個孩子，在捏住鼻子快跑之前就已經呼吸困難，結果正好在叔叔家門前憋不住氣而鬆開手倒吸一口氣，我想我一定是這樣才染上結核的。但哥哥不以為是，說哪有這麼簡單就會感染到，況且父親還每天在叔叔身旁照顧他呢。

知道叔叔可能不久於人世的時候，父親對母親說：「你不要再去照顧我弟弟了，也不要靠近那裡，我自己來。」父親知道結核病末期會擴散出更多的病菌卻願意親自照顧，結果父親跟照常走過叔叔家的哥哥都平安無事，反而是神經兮兮的我得病。

於是我想，拼命想躲開病菌卻感染到結核的原因，有可能是自己的心過於在意才引來了病災，這次的經驗不正如谷口先生所說的嗎？父親為了照顧弟弟而不在意自己是否會被傳染，這種手足之愛是非常崇高的，而且為了保護跟自己的弟弟無血親關係的母親不受感染，寧願自己一個人冒著接近死亡的風險，這是對他人的大愛。有崇高氣節和大愛的父親，結核病菌自然不會靠向他。當時我想到這裡猛然自省，這本書給了我思考心相的契機。

隔年一九四五年，鹿兒島也開始響起了空襲警報。某天，級任的土井老師到家裡來對我說：「稻盛君將來一定會有出息的。」勸我再次報考第一中學，老師知道我身體不好，不但幫我去報名，考試當天還一直陪著我。

可惜去看放榜時，及格名單中卻沒有我的名字，我還有一點輕微的發燒，回到家倒頭就睡，後來在空襲警報聲中看見土井老師頭上圍著防空頭巾跑來我家說：「是個男子漢就不要放棄，還有別的路可走。」原來老師已經幫我辦好私立鹿兒島中等學校的報考手續。

老師接著說：「今天正好趕上最後一天的報名，總之去考看看。」老實說我兩次考第一中學，兩次都落榜，而且還在療養中，心裡其實已經想放棄升學。而且我的家人和我自己也都認為應該開始工作。結果由於老師的熱心鼓勵而去參加考試，終於上榜而升上中學。當年若是沒有土井老師的盛情好意，不知道現在的我會如何。心相雖然重要，但那段時日太多的不幸，讓我有好一陣子都難脫黯然的神色。

廢墟中行商

一九四五年（昭和二十年），我比別人晚了一年進入鹿兒島中學就讀，但是那陣子空襲非常激烈，根本無心讀書。B29轟炸機猛烈的燃燒彈攻勢像雨一般不停轟炸，六月十七日的一場大空襲幾乎燒掉了半個鹿兒島市，後來那天甚至被稱為「市民的忌日」。當時我家的房子居然安然無恙，簡直是奇蹟，不過最後還是在八月的空襲中毀於一旦。

那時的日本，對來襲的轟炸機連回擊的高射炮都沒有，勝敗已經非常明顯，但戰敗對我而言，不如說是從燃燒彈中獲得解脫。而結核病也在拼命逃難之中不知不覺痊癒了。現在回想起來，若是安安靜靜地養病，或許反而好不了。

戰爭雖然結束了，但失去了家，也失去了印刷機，生活陷入困境。父母為了老後辛辛苦苦存的錢，也因通貨膨脹和新的通貨制度而見底，父親和母親只好到黑市去賣鹽及和服，以換米度日。鹽是自家生產的，把大油桶切開敲打成四方形的平鍋，倒進海水加熱蒸發就能取得鹽，加熱的燃料也是撿來的廢木材。有時有人主動來買，有時則是父母拿到農村去交換米或番薯。而母親的和服則是戰前和戰時苦心收集的，賣光了以後母親便從黑市進貨。

家被燒毀之後，我們即搬到鹿兒島郊外，每天跟哥哥一起到市內上學。戰爭結束後我們開始在家釀造私酒，那可能是父親想出來的辦法。做法是先把番薯蒸熟搗碎，加進米麴攪拌，再放進酒壺密封一陣子，等其發酵產生葡萄糖並轉化為酒精後，再用自製的蒸餾器蒸餾，最後用我買來的比重計，量出正確的酒精濃度，就能製成商品出售。當時在市面上流通的燒酒，酒精濃度低，喝多了也不會醉，所以大家都稱讚我們家的燒酒品質非常好。

每次拿出去賣的時候，就用橡皮做成的水枕來裝，一個大約能裝進兩公升多的酒，身體前後各一個綁起來就像一條暖腹帶。私酒賣得很好，對家計大有幫助，不過，晚上徹夜蒸餾會對周遭散發出一種番薯特殊的味道，父親擔心會因此穿幫而不再繼續釀造私酒。但我的看法是，在那個時代根本不必在乎那麼多，若能大膽放手一搏說不定早已累積龐大的財產。

我的身體恢復健康以後也比較能讀書，一方面是我不想再嘗試慘痛的經驗，另一方面是我決定要讓自己文武雙全。我的數學成績較差，所以我把小學五、六年級的數學課本找出來重新學習，也因為這樣日後數學反而變成我最得意的科目。

不變的是我依然時常打架。有一次班上有一個流氓，一口咬定我把合成樹脂板丟向他，而故意找我麻煩。於是我們在校舍後面，眾人圍觀之下決鬥，所有的人都認定我一定會輸，因為體格上根本無法相比。

我想既然我居於劣勢就必須先發制人，使盡全身力氣狠狠朝他臉上揍了一拳，力氣太猛連我自己都差點跌倒，對方受重擊噴出鼻血而惱羞成怒掏出短刀，周圍一片譁然。我瞪著他大吼：「有種就空手過來啊！」學長們聽見騷動，過來臭罵我們兩個目中無人，又拳打腳踢修理我們一頓。不知道是不是受了「勇氣是男子的第一美德」這句話影響，當地的民情就是這麼粗暴。

但我在中學時代也結交到好朋友，其中一位叫川上滿洲夫（前任久保田企業董事）。他的家境富裕，客廳放著一台父親到德國留學時買回來的蓄音機，他放了一首很美的曲子名叫〈流浪者之歌〉給我聽。我陶醉在小提琴的優雅琴聲中，心裡不禁感嘆世上居然會有這麼有文化的家庭。之後喜歡上棒球也是受了川上的影響，我當投手，幾乎每天都與棒球為伍。

一九四八年鹿兒島中學畢業，正好是學制改革期，同學們大部分都選擇升學而讓我深感迷惘。我知道家裡人口多，家計困難，但每次父親一說：「你去找工作吧。」我就頂嘴說：「把鄉下的土地賣了不就行了。」因為我知道父母在郊外有一塊小小的土地。

後來跟父親約定高中畢業後一定找工作就職，才順利升上鹿兒島高等學校第三部就讀。那是由鹿兒島中學、市立高等女學校和市立商業學校統合而成的高中，而且不需要考試，只要報名就能入學，兩年後我轉學到新成立的玉龍高校，成為該校的第一屆畢業生。

自中學到高中，多位老師之中，印象最深的是教歷史和修身的齋藤老師。他最不允許有卑劣的行為，時常在講課時以棒球為例，訓誡我們。

有一次老師舉出在全國中學棒球錦標賽，鹿兒島中學縣大會中所發生的事為例，那是發生在最後一場，第一中學和鹿兒島商業學校總決賽時的事。第一中學是冠軍的常勝校，相較之下鹿兒島商業學校則盡全力拼命追趕，比賽到最後一局雙方依然不分上下，最後商業學校隊擊出一支安打，落點正好在界線邊緣，評審判定沒有出界，商業隊因此攻下致勝的一分。第一中學無法接受，猛烈抗議那是界外球，但評審絲毫不為所動。

於是問題發生了，評審宣布比賽結束，第一中學仍舊繼續抗議，堅持要重新比賽，再怎麼抗議也起不了作用，就搶走會場的優勝錦旗。

老師拿這件事作為教材告訴我們說：「即使是裁判誤判也不應該採取這麼卑劣的手段，這件事發生過後，第一中學連一次都不曾再打進舊制棒球大賽的總決賽中。」

此外，老師也舉過其他的例子教導我們做人的道理。「你們都有非常要好的朋友吧！假如你的好朋友殺人逃逸被警察通緝，來求你讓他藏匿，身為他的好朋友，你會怎麼做？」

老師的回答叫人非常意外，首先他說：「殺人是重大犯罪，再怎麼要好

高中時代的好友川上滿洲夫（右）

的朋友也是有罪的，當然應該狠下心把他交給警察，你們應該也是這麼認為吧？但這真不像話。」老師接著說：「道理上我們的確應該如此，但既然是親密好友，就應該保護他，那才算是真正的友情。」老師平時看起來像個紳士，但也說過許多像這種充滿信念的話語，至今都依然深刻留在我心中。

我在高中時代努力讀書，但對棒球的熱愛也絲毫不減，母親見狀非常生氣，「辛辛苦苦讓你上高中，你卻沉溺玩樂」，母親的一句話讓我決定不再打棒球，開始做起賣紙袋的生意，把父親手工製成的紙袋，裝在腳踏車上載到市內叫賣。

戰前家裡除了從事印刷業也做過紙袋製作，在還沒有自動製袋機的時候，雇用了鄰居太太們用家庭代工的方式生產。記得我總是瞪大眼睛看著父親用全身的力量壓下切紙刀，一次切出五百多張紙型，鄰居太太們把父親切好的紙型依照大小分別折成紙袋的形狀，再用漿糊固定完成。這個情景我記得很清楚，所以向父親提出「爸，再做紙袋吧，我負責賣」。剛開始父親並不當真，但經我再三要求，加上父親看母親工作很操勞，而終於答應合作。

父親做的紙袋大大小小約有十多種，我用竹編的大籠子裝著，放到腳踏車後方的貨架上。以前的腳踏車講求實用，貨架非常大，不過當我踢開固定桿，跳上腳踏車一踩踏板時，車頭幾乎往上翹高，因為後面裝的紙袋實在太重了。

剛開始叫賣時抓不到訣竅，隨意走著看見商店就進去推銷，很沒有效率。後來我想到一個辦法，一星期七天，就把鹿兒島市分成七個區域，每個區域固定一天去，一星期就能定期去一次。於是放學後我馬上回家，連星期天也不休息，一早就踩著踏板出門兜售。慢慢的有幾家小巷弄裡的零食店變成我的老客戶，有時候我一邊大聲打招呼說：「有人在嗎？」一邊用手拉開店家的門，卻看見同年齡的女生出來應門，害我羞愧地說不出話來趕緊回頭就逃。

當時鹿兒島市內大概有五、六個黑市市場，我想若是能在黑市開發出老客戶，生意一定會更好。每個市場幾乎都有很能幹的阿姨坐鎮，去過幾次之後，她們都很捧我的場，有時看見我有賣不完的紙袋還會很熱心說：「剩下的都賣給我們吧！」跟一兩個阿姨逐漸熟悉之後，她們就將我介紹給其他的阿姨，結果整個市場都叫我「賣紙袋的男孩」。

某日，我又拼命踩踏板去兜售，經過一家店前，被店家的阿姨叫住：「你就是那個賣紙袋的男孩吧！我的店是零食批發，縣內各村各區的小零食店都會來我這裡進貨，他們也需要紙袋，就會一同購買。」此後我把各種大小的紙袋放在那家店的架子上，賣完了再補齊就可以了。運氣真好，雖然被阿姨殺價所餘利潤不多，但讓我學到了原來這就是批發業。

風聲傳開之後，其他的零食批發商也向我們訂貨，於是縣內大多數的小零食店都在用稻盛家生產的紙袋，訂單增多，我和父親也隨著繁忙，光只有我一個人送貨已經不及應付，於是雇用了一個剛從中學畢業的男孩，並買了一輛腳踏車給他。送貨時用一個麻布袋吊在腳踏車的座墊處，收到貨款就往麻布袋裡塞，通常都會塞滿滿的拿回來給父親，然後父親就會拿出算盤算個不停。

外行人做生意，我可說是大獲成功，不過現在回想起來，那時候完全沒有考慮成本也不懂得計算，原本定好的價格經黑市的阿姨們一殺價：「算便宜點吧！」我就點頭答應。如果能仔細計算過再訂定價格的話，想必獲益一定會更多。到現在還會想起這件事，可見這段經驗在我的腦海裡留下多麼深刻的印象。

而且聽說由於我的強烈攻勢，連從福岡來的同業都退出此地市場，我的事業原點可說起於這次的行商。三年後，我把這個生意和員工都交給哥哥，專心做個學生。

贖罪的友情

一九五〇年（昭和二十五年）我就讀新學制的玉龍高校三年級，以好友川上滿洲夫為主的玉龍軟式棒球隊，通過縣代表預選晉升到決賽，對手是鹿兒島商業高校，我們一群人都到市外的鴨池球場為好友加油。

可惜比賽輸了，但問題不在比賽而是在回家的路上，有人提議搭電車要花錢不如走路回去，於是有人出餿主意說：「我們在學校那一站下車的話，大家都有學生定期票不用再花錢，反正也沒人知道我們是從那一站上車的。」

到了車站，朋友們都裝做若無其事通過驗票口，我看一大群人一個個像逃走似地出站，擔心會被起疑而故意慢慢走在最後面，不料卻被車掌攔住查出我沒買票，結果不但剛買不久的學生月票被沒收又遭罰款，甚至還被大家取笑，說我「不得要領」。

隔日，導師辛島政雄在教室嚴厲斥責我：「別以為功課好就得意忘形，做出這種讓學校蒙羞的事。」辛島老師本來是鹿兒島中學的校長，後來以老師的身分跟著學生們一起來到玉龍高校任教，老師的話句句都銘刻在我心。

月票沒了只好暫時走路上學，但有一個同學居然說「不能只讓你一個人受委屈」，而跟我一起走路上學。

他的名字叫作川邊惠久，這樣的友情讓我非常感動，如諺語所說「真正的朋友勝過一切」。但是數年後他才對我坦白：「其實那天走在最後一個的是我。」他趁站務員對我訓話時，偷偷從後面溜出去。原來他的友情是為了贖罪啊！

剛上高中時成績大約在中等程度，後來每次考試都在前十名，畢業的時候更進步到前三、四名，我開始相信努力必定會有成果，有心就能做好，也開始對自己產生信心。但是對自己有了自信之後，就再也不能原諒不全力以赴的自己了。

記得三年級的時候有一次考試成績發表，朋友問我：「考得怎麼樣？」我回答：「考得不好。」

「那你考幾分？」

「九十八分。」

朋友聽了用很不可思議的眼光看我，但對我來說拿不到一百分就不算是好成績。那時我開始意識到完美主義而徹底要求自己。那一陣子我常說：「因為我不夠聰明，所以要比別人多努力兩倍，別人努力兩倍的話，那我就努力五倍。」

到了三年級的秋天，大家開始關心大學入學考試的話題，我曾經為結核而苦，所以有點想進大學研究藥學。哥哥高中畢業後馬上就開始工作，所以哥哥為我向父母求情「一定要讓和夫上大學」，平時溫和的父親卻大發脾氣說：「說好到高中為止才答應讓你讀高中的，怎麼又變卦要去讀大學？」

我有五個弟妹，知道自己不能過於任性，因而猶豫是否應該放棄讀大學到銀行上班。我對辛島老師說明放棄考大學的原因之後，老師說：「我去跟你父親談談。」隔日，老師真的來了，對父親說：「稻盛君有其他學生所沒有的特質。」辛島老師曾經當過鹿兒島中學的校長，備受地方尊敬，父親被老師這麼懇求便難以拒絕，約定以申請獎學金和打工的方式就學，不給家裡增加負擔，父親才勉強同意。

隔年的一九五一年，我報考大阪大學醫學系，搭深夜列車赴大阪應考。好友川上說：「你要上阪大，那我也跟著去。」於是一起參加考試。這次我

鹿兒島大學時代（後排最左為稻盛）

很有自信，結果卻事與願違讓我深受打擊。

環境不容許我重考，於是我和川上接著去考縣立鹿兒島大學（後改為國立），兩人都順利考上，我選擇跟藥學有關的工學系應用化學科，專攻有機化學。

從生活方面衡量，讀鹿兒島大學也許比較適合，因為家庭經濟環境並不充裕。我總是穿同一件外衣和木屐上學，因為買不起參考書，幾乎整日窩在圖書館拼命用功。另外為了鍛鍊身體，參加了空手道社團，貧窮學生們都樂於選擇空手道社，因為只要買一件空手道的白上衣就行，赤手空拳的練習不需要買其它用具。

我也拼命打工，有一次在山形屋百貨公司當夜間警衛，喜歡上一個女店員，恰巧好友川上的親戚在山形屋百貨公司上班，透過那位親戚的幫忙，我終於能約她出來。那天我和川上帶她到天文館路的電影院看電影，可是我太在乎旁邊的她根本無心看電影，接著一起吃完飯就送她回家。一整天她身邊都有一位陪同外出的人，我根本沒有機會與她獨處，後來終於能與她獨處的某天，她卻對我說：「我不久後就要嫁到東京去了。」

一九五二年大學二年級時，母親病倒一直發燒不退，診查的結果居然是肺結核，難道真如閒言所說「稻盛家是結核的巢」！我一邊照顧母親一邊自省，居然從來沒有做過一件孝順母親的事。

第2章

搖搖欲墜的公司

一九五四年（昭和二十九年）春天，升上鹿兒島大學四年級，畢業與就職的腳步逐漸向我逼近。那一年因朝鮮戰爭所需的景氣已過，企業雇用的情勢並不樂觀，而我想找的工作是跟自己專業有關的石油化學業。

我向好友川上滿洲夫談及此事，他說：「我父親的弟弟在通商產業省（現為經濟產業省）當課長，我們去找他幫忙。」於是我們立即採取行動，沒有事先聯絡對方就搭夜車前往東京，清晨抵達荻窪、川上的叔叔家時，他叔叔的睡意未醒，也無心理睬姪兒提出，為朋友介紹工作的請求。叔母見我們遠從九州而來，才讓川上進去屋裡，不久川上走出來憤憤不平地說：「怎

大學同學們（右下為稻盛）

麼會有那麼無情的叔叔，不必再去求他。」突然給人添麻煩的是我們，怎能責怪人家拒絕，我心裡想著，但沒有說出口。

聽說這一年連帝國大學（國立大學）的學生找工作也很競爭，缺乏強力的關係背景，恐難進入知名企業。應用化學科的竹下壽雄教授四處透過關係為我打聽，卻都希望渺茫。

我自己也接連數次參加帝國石油等公司的就職考試，但一個沒有關係背景的應屆畢業生，成績再怎麼優秀也不得錄取。「為什麼這個世界這麼不公平，既然找不到好工作，乾脆進黑道做個智慧型商業流氓，跟這種不公平的世界相比，講義氣的黑道豈不更好，」我學過空手道，對自己的體格有自信，冷眼看待世人之心油然而生，不知不覺間，突然發現自己在熱鬧市街某處的流氓組織前來回徘徊。

但是，想起自己貧困的家裡還有五個弟妹在等我找到工作，怨天尤人人生也不見得能順遂，只能忍耐，改變想法再加油試試吧。

到了夏天，竹下教授把我找去對我說：「我有一個認識的人，在京都一家陶瓷絕緣礙子公司工作，那裡可能會有機會，你的意思如何？」雖然那家公司連聽都沒聽過，但為了早點讓父母親高興，當場就向老師鞠躬答謝說：

「麻煩老師安排。」

陶瓷窯業屬於無機化學，而且那家公司有意雇用的是研究瓷器關係的學生，因此我急忙跟隨無機化學科的島田欣二教授，開始研究鹿兒島入來地區的黏土，用僅剩半年的在校時間，把研究結果寫成題為「入來黏土的基礎研究」的畢業論文，而結束了我的學生生涯。

這篇論文獲得新任鹿兒島大學教授內野正夫的注意，內野教授在戰前是參與創設滿洲輕金屬公司的技術工程師，戰後被迫回國，因受大學之邀而出任教授。

內野教授在畢業論文發表會後稱讚我說：「我看過無數的論文，你的論文比東大學生寫的更好。」在畢業典禮之後的謝師宴上，內野教授又對我說：「你將來一定會成為一名優秀的研究工程師。」謝師宴結束準備回家時，又被教授叫住：「稻盛君，一起去喝杯茶吧！」就約我到天文館路一家裝潢美麗的咖啡店。我乃一介貧窮學生，平時連水果店都沒進去過，老師在咖啡店裡向我娓娓道來作為一個研究工程師該有的心理準備，讓我深深感受到老師的好意和期望。因為這個機緣，當我決定要創業時，也找內野教授商量，內野老師可以說是我一輩子的心靈導師。

內定錄取我的公司在京都，叫作松風工業，一九〇六年（明治三十九年）由松風嘉定所創設，首次在日本製造高壓絕緣礙子成功，事業規模曾經一時勝過日本精密陶瓷企業。

父母親聽說我找到在京都生產工業陶瓷的優良公司而安心，哥哥拍拍我的背說「像個出征的士兵」，並送我一套西裝當作賀禮。

一九五五年（昭和三十年）我來到京都西山，東海道鐵路神足站（現稱長岡京站）附近的松風工業。

過一陣子我才知道當時公司已經因負債抵押而幾乎歸銀行管理，老闆一家人起內鬨，而且經常有勞資爭議問題，經營狀態惡劣卻錄用了五個應屆大學畢業生。我恍然大悟原來是這樣的公司，才會錄取從鄉下大學畢業的我，可惜為時已晚。

進公司後我被派到製造部研究課，負責開發用於高週波絕緣礙子的弱電用瓷器，電視播送自一九五三年起才剛開始不久，用於家電製品的絕緣礙子後勢看漲，公司考慮到將來的需求而加強研究開發。

到松風工業就職

傍晚我被帶到員工宿舍，一看就呆在那

裡，又破又舊的老房子，房間的榻榻米已經磨損到只剩稻草屑，我們匆匆忙忙去買草席並用鐵釘固定。那晚，我們五個新人在破舊宿舍裡異口同聲說：

「這種破公司，儘早離開為妙。」

宿舍沒有食堂，我們用火爐燒煤炭煮飯，大家的荷包都很緊，頂多只能買蔥和豆腐皮煮成味噌湯配飯，每天晚上我們就只吃這些果腹。

離開故鄉時一家人為我送行，熱鬧歡喜的氣氛已經煙消雲散，現在過著孤苦無助的社會新人生活，下班後提著菜籃去車站附近的商店買菜，被問道：

「沒見過你，那個公司的呀？」

我回答：「松風工業。」

「在那種公司啊，你從那裡來的？」

「鹿兒島。」一聽見我的回答，他們更驚奇地說：

「從那麼遠的地方來，待在那種公司，會娶不到老婆喔！」

經他們這麼一說，我的鬥志變得越來越薄。

跳槽不成

進了松風工業，我負責開發特殊新型瓷器，其中以耐高週波絕緣性強的高介質鎂橄欖石陶瓷為主。同期的其他四人都被分派到主生產部門，但訂單不斷減少，公司又經常遲發薪水，大家立刻察覺到公司的經營並不健全，一個接著一個離職，到了秋天只剩下我和另外一個人了。

於是我們也想一起離開，商量過後決定報考自衛隊幹部訓練學校，兩人一起到大阪的伊丹自衛隊基地參加考試同獲及格。辦入學手續需要戶籍謄本，我聯絡鹿兒島的家人寄來，不料左等右等，直到入學手續過期都沒有收到，不得已同伴只好一個人入學。後來得知那封信被哥哥撕破了，「吃盡苦

同期的同事（右一為稻盛）

頭讓弟弟上大學，好不容易找到京都的工作，不到半年就忍耐不住，簡直太沒有出息！」了解哥哥的心情之後，我為自己缺乏深思熟慮而感到慚愧。

跳槽不成，只剩我孤單一人，反而看開不再去煩惱進退的問題。反正抱怨也沒有用，不如一百八十度徹底改變心情，埋頭努力研究。住在骯髒破爛的宿舍裡只會讓心情隨之低沉，於是我把棉被、鍋子和火爐都搬到研究室，從早晨到深夜不停地做實驗。不久，不可思議的事情發生了，我的研究得到了理想的成果。

有好的成績表現，受到上司稱讚，工作起來更有勁，也做出更好的成果。接著受到公司上層的重視鼓勵而更加努力，隨之而來又獲得更高的評價。當同事們紛紛離開剩下我一個人之後，改變心情的瞬間帶來了人生的轉機，產生了良性循環。

當時，松下電子工業由於電視的市場需求大增，決定把從荷蘭飛利浦公司進口、電視顯像管內，陰極電子槍的零件U字型絕緣體，改為在日本國內製造，因而向我們下了大量的訂單。我的鎂橄欖石陶瓷研究成果正好可以應用到這個零件的開發，經過一年左右的嘗試終於在日本首次製造成功。

U字型絕緣體製造的過程中，最困難的部分是把粉末狀的鎂橄欖石礦物

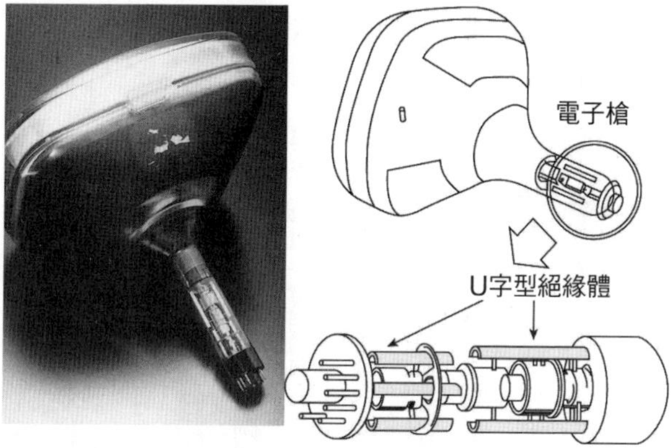

顯像管和電子槍裡使用U字型絕緣體的部分

原料成型。傳統的陶器可以使用黏土作接著，但是含不純物質，無法應用在特殊瓷器的合成上。

每天我都在煩惱這個問題，某日走過實驗室時邊走邊想，不小心踢到東西差點跌到，我不禁大叫：「是誰，把東西放在這裡？」仔細一看，鞋子上黏著像茶色松香般的東西，原來是前輩用來作實驗的石蠟。

突然我腦中閃過「就是這個」的念頭，在粉末原料中加入純粹無雜質的蠟，作為接著劑應該能成型。我立刻把原料和蠟放進鍋中，像炒飯似地攪拌，然後放進模具中成型，果然成功。接著把成型的半製品放進高溫爐中燒製，燒製過程中蠟完全溶解揮發，沒有留下不純物質，簡直是奇蹟，莫非這是天助。

就這樣，我開發出的鎂橄欖石陶瓷成為顯像管U字型絕緣體的原料。身為一名研究技術人員，能夠把研究成果實際應用到工業上，那真是莫大的滿足。

當我正想發表與這次合成相關的研究論文時，卻偶然在窯業協會的雜誌上看見，已經有別人也開發出鎂橄欖石陶瓷，作者是工業技術院工業技術試驗所（現稱名古屋工業技術研究所）的課長杉浦正敏。論文發表當天我趕到名古屋的會場，仔細聆聽之下，發覺他研究的觀點和方法與我完全不同，距離實用化的階段尚遠。我要求會見杉浦先生向他說明我的研究，也由於這個機緣，使杉浦先生日後得以進入京瓷。

松風工業本身雖然情況不佳，但創業歷史悠久，當然會有一兩位優秀的研究員。其中一位前輩做事認真，總是腳踏實地默默工作，而不引人注意。

混合陶瓷原料時通常我們會先用球磨機，讓中間的球石滾來滾去搗碎原料。平常我照著順序放進原料、操作機器磨碎並混合，沒有多想。但是某天看見那位前輩蹲在水槽邊，很認真地用刷子刷洗球磨機。每次實驗過後，粉末都會沾黏在球磨機的凹縫裡，因此前輩用竹刀仔細刮出粉末，再用刷子清洗乾淨。當時我有點不可思議，堂堂大學畢業的一個大男人，怎麼會專心做這麼細小的事。

但是，簡單洗洗器具的我卻一直得不到想要的實驗結果，正疑惑不解時突然想起前輩的身影，瞬間，我彷彿被人一記敲醒。

原來如此！不仔細清洗的話，前次實驗所殘留的粉末必定會混入下一次的實驗，而使陶瓷的微妙特性產生變化。

況且前輩在清洗後，還會用掛在腰際的毛巾擦乾，終於我了解到，看似簡單的清洗動作也必須做得徹底。課本裡寫著把原料的粉末混合成型，用高溫燒製即可完成，但實際操作並沒有那麼簡單，有些知識是經過一再摸索、實驗並且失敗才能得到的。當經驗與理論獲得一致，才可能完成了不起的技術開發和產品，前輩的背影讓我對現場經驗的重要性有了更深刻的認識。

隔年秋天，由我率領的開發小組獨立編列為特殊瓷器課，我進公司第二年就擔任實職的領導工作。因應大量生產，我還自行設計了一座特殊瓷器燒製專用的電氣高溫隧道爐。特瓷課是公司裡唯一生氣蓬勃的部門，高層有意把絕緣礙子部門多餘的人員調到特瓷課。

特瓷課確實人手不足，但平時我看見絕緣礙子部門的士氣低落，恐怕會受不良影響，所以跟公司談判由我自行錄用新人。我到京都車站附近的職業介紹所，找到的新員工有的是應屆畢業生，有的是二次就職。由這些成員組成的特瓷課在公司裡，看起來像是個特異的工作團隊。當然，新人們並無專門技術，也尚不知工作為何物。

當時，松風工業沒有充足的設備，導致特殊瓷器的開發與製造都需要身體上的勞動，光是混合原料就會弄髒全身。我幾乎每晚都集合滿身沾滿粉末又疲累的部屬說：「我們為什麼要這麼拼命，因為缺少這個陶瓷零件就做不出顯像管，我們現在所做的是連東京大學和京都大學都辦不到的高度研究，如果不親身實踐，就無法明白陶瓷的本質，讓我們一起把這個了不起的製品推向世人吧！」他們經常工作到深夜，但都熱心傾聽我所說的話。

偶爾我們也去附近的夜市或酒店喝一杯，一邊吃麵一邊喝著燒酒，天南地北地閒聊。我說：「我們本來互不相識，能在一起工作也算是有緣。」、「人生只有一次，一天都不能浪費，全力以赴吧！」我在說這些話的同時，都像恨不得把自己全身的活力分給大家似的。最後我們都會得到相同的結論

「明天再想一想，用別的方法再試一次吧」。

我把微薄薪水的大部分都寄回去給鹿兒島的父母，剩下的幾乎都用來跟部屬喝酒，生活過得很清苦，但是與部屬團結一致的感覺，卻令我情緒高昂，絲毫不以為苦。

松下電子工業的訂單逐月快速增加，變成每天交貨的狀態，不巧此時卻遭逢春鬪（譯註：勞資雙方年度薪酬談判）與公司裁員問題，工會因此打算發起大規模的罷工，令我焦急萬分。特瓷課若捲入罷工而停止生產，必然會對松下電子工業的顯像管生產造成巨大的影響。不僅如此，失去了信用，難保U字型絕緣體的訂單不會拱手讓人。

我下定決心，即使全面罷工也要繼續維持生產，我集合特瓷課的全體員工說：「我跟大家一樣，也想提高薪資，但現在如果罷工，會造成什麼後果？不只會給松下造成麻煩，松下也一定會立刻找別處代工。我們好不容易才以特瓷改善了公司的經營情況，此時若失去顧客，公司馬上就會面臨破產的危機，到時別說是提高薪水，恐怕連明天的生活都會成問題，所以我希望特瓷課不要參與罷工，照常工作，準備好留在工廠吧。」幸好部屬們都明白，停工一天會給顧客帶來多大的麻煩，這或許是因為平時他們不厭其煩地聽我述說工作的意義而得到了解，總之我們全體都決定不參與罷工。

工會在公司的門口佈滿糾察員，一旦走進公司就出不去，於是我把身邊的錢全用來買食品罐頭和應急補給品，再把瓦斯和棉被都搬進公司，打算住在公司裡。問題是如何才能將完成的製品順利出貨呢？

特瓷課有一位女職員，當然不能讓一個女生跟著我們留宿在公司，於是要她每天早上到公司後面的圍牆等著，我趁清早工會的人不注意時，把包裝好的製品往牆外一丟，在外等候的她就擔起送貨的任務，而這位女職員後來成為我的終身伴侶。

我公然與工會唱反調，被工會臭罵成「公司的走狗」，或指責我「故作姿態」，但任憑他們責怪，我都不畏懼。我回答：「我完全無意與工會為敵，也不是為公司賣命的走狗，我只不過不想讓好不容易才點亮的燈熄滅而已。」工會很清楚現在公司全靠特瓷課才得以維持經營，也明白我有多麼希望讓這個事業上軌道，但是當工會批評我這麼做是在「破壞團結」，我只能默認。

負責絕緣礙子外銷的第一物產（現在的三井物產）擔心松風工業的經營狀況而前來做實際調查，調查團的團長吉田源三，在戰前曾經擔任三井物產駐紐約分公司的負責人，之後擔任第一物產的顧問，以獨到的意見和主張聞名。為此，松風工業非常緊張，不料吉田先生突然說：「我知道有一位叫稻盛的年輕職員，無論如何一定要和他見面。」公司的幹部們大吃一驚，而急忙被召喚的我更是驚訝，心裡完全沒有譜。他見到我說：「你就是稻盛君啊，找你並沒有特別的事，是因為鹿兒島大學的內野教授是我東大的同學，我們在東京見面時他跟我聊起你的事。」接著他邀請我今晚慢慢談。

我穿著唯一的一套西裝，盛裝前往大阪一家他指定的飯店，從來沒去過那麼高級的飯店，讓我在大廳站著不知如何是好。他見我的神色緊張，親切地說：「放輕鬆，叫我吉田就好。」而他跟我說話時卻叫我「稻盛技術師」，跟內野教授一樣，對待我這樣的年輕人像是對待一個大人物似的。我想這個人一定聽得進我的話，難得的機會，於是我把平常的想法都告訴他，包括進公司以來開發鎂橄欖石陶瓷，努力讓事業上軌道，以及重建松風工業的方向應該向員工明確說明等等。吉田先生聽完對我說：「稻盛先生，你這麼年輕卻很有哲學。」那晚我離開時，一再喃喃自語，重複念著「哲學」、「哲學」。

衝突與決心

距離最初抱著「這種破公司，趁早離開吧」的想法待在松風工業，至今已過了三年。

有一次，在巴基斯坦製造低壓絕緣礙子公司的總經理，前來參觀我所設計的電熱爐，不久即決定購買，並指名希望我到現場指導。我一時為之心動，雖然不是很具體，但我曾想過希望將來有一天能到海外去發展，沒想到機會來得這麼快。而且對方開出的薪資條件媲美高層要職，足以讓我寄更多錢給鄉下的父母，這幾年的辛勞也將可得到報酬。但就在我思考未定時，公司卻表明我若是離開會影響到松下的業務，而改派別人前往。總之現場的安裝完成，也順利把機器交貨給對方。

然而那位總經理又邀請我：「現在工廠由德國的技術師負責，但他比不上你的熱心，我誠懇地邀請你來擔任技術師主管。」此時，我立刻又想起鄉下的父母。

恩師內野正夫教授到東京出差，回程在京都站稍作停留，我決定去向老師請教。老師當時除了學問上的研究，還為戰後日本的復興發起振興重化學工業的運動。例如在雨量多、水資源豐富的屋久島建設水力發電廠，提供電力振興重化學工業等，因而頻繁到當時的通商產業省（現為經濟產業省）陳情請願。

老師一走出夜行特急列車，我就立刻說明自己的心意，但教授卻用極少見的嚴厲口氣反對：「你是優秀的研究員，到巴基斯坦去當一個礙子絕緣體技師，頂多只能靠你那一丁點的技術賺錢，時間一過，你的技術終究會被

松風工業時期，攝於宿舍房間

淘汰，現在你在特殊瓷器方面的研究正開始受到矚目，放棄太可惜了，先端技術是日新月異的，我絕對反對。」我沒想到老師會說得那麼激動，只能一直點頭。

但就在我升格當上特瓷課主任不過三個月，突然以悲劇收場。日立製造所提出開發陶瓷絕緣真空管一事，由我負責研究，但使用特殊瓷器的原料反覆實驗都得不到令人滿意的結果。就在我苦心研究時，新上任的技術部主管卻說：「你的能力不夠，我決定讓別人接手。」而強逼我離開研究崗位。

我這個人一旦深信就會徹底努力執行，了解我的個性並以「給他自由，他的才能方得以發揮」而在背後支持我的，是前任技術部門總經理青山政次先生（之後為京瓷的總經理）。但是他被由銀行出身的新總經理調走，換成一個從外部進來的人，我不信他懂得多少特殊瓷器。

我怒火沖天立即回答：「既然能力不足，那我現在就辭職。」

特瓷課的部屬們聽見我將離職，跑到我的宿舍來說：「既然如此，何不自立門戶？」並紛紛表示他們也要辭職，不聽我的勸阻，青山先生見狀也大聲說：「好，創業資金由我來想辦法，稻盛君的上面不該有主管存在啊！」

青山先生胸有成竹，找他在京都大學工學部的兩位同窗舊友，京都配電盤製造廠的董事西枝一江先生和宮木電機製造所的董事交川有先生。我們到西枝先生府上說明事情的經過，希望他們出資時，交川先生對青山先生說：「你真傻，這位稻盛君再怎麼優秀，二十六、七歲的小伙子能成什麼大事？」

青山先生毫不退讓繼續說：「稻盛君有常人所不及的熱情，必定會有一番作為。」交川先生接著回嘴：「光有熱情就能讓事業成功嗎？」我在旁拼命強調：「將來，特殊瓷器的時代一定會來臨。」我們不灰心，再三前往拜訪請求。

終於，宮木電機的總經理宮木男也先生呼籲大家出資，創業資金共需三百萬日圓，宮木先生個人與宮木電機相關者共出資一百三十萬，西枝先生四十萬，交川先生三十萬以及青山先生和我們的一百萬。考慮到我們幾個技術員身無分文，而特別以「技術出資」之名讓我們也成為公司股東的一員，工廠借用宮木電機空著的建築物。

起初必須投資電熱爐等設備，購買原材料，還有營運資金等共需一千萬日圓，到銀行貸款時，西枝先生以個人的房地產作為抵押。他的太太拒絕說：「這個家可能會保不住，」但他卻笑著回答：「看好一個男子漢，我無所謂。」

據說，宮木先生在呼籲大家出資時說：「我們不是在設立子公司，而是以稻盛這位青年為賭注，要當作是收不回來的錢。」在多位骨氣堅毅的明治大男人支持之下，終於讓我獲得技術問世的機會。

交換誓言

一九五八年（昭和三十三年）十二月，我離開了松風工業，就在離開公司的第二天，我與同是特瓷課的須永朝子結婚。

某日我加班在公司過夜，第二天中午我的桌上放著一個便當，跟我平時吃的相比，那個便當裡面的菜多得讓我感動，我吃到一粒米飯也不剩。後天、大後天也是一樣，我根本沒去想是誰的好意，每天都理所當然似的把便當吃光，久了才知道是她為我做的。後來她說不是因為喜歡上我，而是看我生活得很清苦，起了同情心才這麼做，不管如何我都很感謝她。

不只是便當，之後我時常到她家去吃飯，久而久之離不開她做的菜而結

一九五八年，攝於與朝子的結婚典禮

婚。我們在京都市東山區蹴上的市立禮堂舉行結婚典禮，簡單準備蛋糕和咖啡宴客。

婚禮過後帶新婚的妻子回鹿兒島老家，坐在開往九州的列車裡，我突然想這不就像是新婚旅行嗎？途中至少可以順道去別府旅行一下，於是在門司港站預約了別府的旅館。第二天從別府車站坐計程車前往霧島山區，打算隔天到小學校外旅行時到過的霧島走走。我記得從霧島神宮站前的岔路一直走，應該就會看到古色古鄉的溫泉旅館，但是怎麼找都找不到，本來打算讓妻子看看自己懷念的地方，不料希望落空，只得到車站前的旅館投宿。這兩天的別府和霧島之行就是我們小小的新婚旅行。

朝子的父親須永長春（本名禹長春）是東京大學農業系畢業，專攻植物種子培育的農學博士，在京都的TAKII（日文為タキイ）種苗公司擔任農場長。須永先生戰後曾經到其父親的祖國——韓國幫忙重建荒廢的農業，被尊稱為「韓國近代農業之父」，我們同樣是研究員出身，雖然只見過一次面，卻非常投機。

把話題回到公司吧！新公司創立已成定局的那晚，我和七個同志，一共八個人聚在我的房間，他們都是跟隨我離開松風工業的人。伊藤謙介（現任京瓷董事長）、濱本昭市、德永秀雄、岡川健一、堂園保夫、畔川正勝和青山政次，除了青山先生五十六歲之外，我二十七歲，其他的人都非常年輕，約二十一至二十五歲。

他們宣誓說，新公司若經營不善，即使到職業介紹所找工作兼差，也要支持我的技術。想想自己不考慮後果就遞出辭呈，但竟然有這麼多人為我奔走創立新公司，還有這麼年輕的人也把他們的人生寄託在我身上。

我無法壓抑興奮的情緒，大喊「為了終身不忘今日的感動，讓我們蓋血印發誓」。血氣方剛的大家異口同聲表示贊同。岡川君立刻寫好誓詞，內容大約是「團結一致，成就為世人造福的理想，同志們在此以血印立誓」。由我最先署名，割小指蓋下血印。

公司名稱決定為「京都陶瓷」，古都京都的知名度全世界通用，但特殊瓷器鮮為人知，因此以陶瓷的英文發音用片假名寫成的社名（京都セラミック）很具現代感。員工一共二十八名，請宮木電機的總經理也是股東代表的

創業時公司外觀

宮木男也先生出任總經理，青山先生任董事，由我擔任技術部門總經理。松風工業的前輩北大路季正先生也趕來參加。一九五九年四月一日，京都陶瓷的創立典禮在中京區西京原町的本部舉行，由宮木總經理點燃電熱爐，眾人的期望也開始起跑。

之後，幹部們集合開了一個小型晚宴，我致詞說：「現在借用宮木電機的倉庫創業，但是讓我們以成為原町一帶最大的公司為目標，成為原町第一之後，接著朝西京第一前進，成為西京第一之後就是以中京第一為目標，接著就是京都第一，實現了京都第一的願望之後還要朝著日本第一邁進，最後是世界第一。」我像是發了高燒似地一下子舉出如此壯大的夢想，既然要做，目標越大越好。

新公司「京瓷」附近，有一家專門製造螺絲鉗等汽車修理工具的工廠，上下班途中一定會從那裡經過，當時汽車產業欣欣向榮，市況相當繁榮。而我為了剛成立不久的公司，幾乎每日早出晚歸，深夜回家已成家常便飯，但是我每經過那裡，總是會看見他們把燒得透紅的鋼鐵敲打成螺絲鉗或扳手等工具，鐵錘大聲敲擊，火花四散的場景歷歷在目。我說過要成為西京一帶最大的公司，但近在眼前就有一家從早到晚運作不停的對手，坦白說要超越他們想必不易。

另外，中京區還有島津製造所和日本電池兩家大企業，簡直無法想像何時才能超越他們。我雖然提出了高遠的目標，但實際上每天都竭盡全力，為了如期交貨而精疲力竭，根本沒有餘暇去考慮明天。老實說，我們當時完全沒有所謂擴大公司規模的藍圖和戰略。

雖然如此，我仍然堅持「世界第一」的口號，兩杯酒下肚就會反覆高呼：「喲！一定會變成日本第一！世界第一！」好似在為自己打氣，但實際上那是一個強烈的願望，總有一天要讓全天下知道我們的存在。起初大家都心想「又開始說這些」而不以為意，但聽了十次、數十次，逐漸開始當真。而我想訴諸於眾人心底的就是：「現在我們的工廠雖然貧弱，但志向卻是又高又遠。」

幸運的是松下電子工業向我們訂購大量的電視用鎂橄欖石陶瓷，但我們的機械和員工都有限，加上多數的員工尚未習慣實際的作業，讓大量生產作業上軌道的過程費了不少苦心。

接連不斷地熬夜，大家已經快撐不住了，繼續如此的話，或許還能再撐一周或十來天，反正不會太久。於是有人勸告我說：「跟馬拉松一樣，應該考慮調整步調。」我回答：「有人認為跑長距離需要時間，不要過於焦急，但試問對一個新加入的人而言，有餘暇去考慮步調問題嗎？我們在整個業界裡是最晚起跑的，在跑在前頭的人眼裡，大幅落後的我們是完全不具威脅的業餘參賽者，全力追趕也不見得能追得上。或許拼命跑也不一定能取勝，但至少讓我們從起跑點開始，以跑百米的速度，咬緊牙關全力衝刺吧！」

朝會時我又鼓舞員工：「今天盡了全力，自然會看到明天，明天也盡全力，就能看到下星期，這個月竭盡全力，下個月就會更樂觀，今年盡了全力，明年就更有希望，每一瞬間的努力才是最重要的。」

一年之間我們聚精會神向前跑的結果，營業額達兩千六百萬日圓，稅前淨利為三百萬日圓。起初，宮木總經理和西枝先生都認為，至少數年之內必須貼補虧損，但次年的營業額也創佳績，獲利也以倍增的方式攀升。公司上下團結一致開始看見成果與自信，豈知不久之後，居然發生年輕員工們的叛亂事件。

年輕員工的反動

那是在京都陶瓷創業第三年、一九六一年（昭和三十六年）四月底所發生的事。前一年剛進公司的十一位高中畢業新進員工，突然來到我面前唐突地遞出一份「要求書」，內容是保證公司將來一定會定期加薪、發放年終獎金等。

帶頭的人相當堅決地說：「若不答應，我們就全體辭職。」他們的態度和工會的團體交涉完全不同。與工會交涉時若條件不攏，工會就會發起罷工，但我並不屈服，雙方一場爭執之後總會得到解決的辦法。但他們一開始就說要辭職，一定是有非常嚴重的理由，必須仔細聆聽他們的解釋，因為我也曾經有過進松風工業不久就想辭職的不愉快經驗。

公司規模尚小，他們平時認真的工作態度我很清楚，上班時間規定從早上八點到下午四點四十五分，但實際上長達深夜的加班卻已成理所當然，從松風工業一起過來的同伴們都是熬夜也無怨言的工作狂，沒有所謂加班時間的概念。

雖然對中學畢業的員工，一定讓他們準時下班去上夜校，但一旦高中畢業，便無例外必須隨上司加班，甚至連星期日也會被動員，長期累積的不滿終於爆發。但是公司成立不久，如何保證將來的事呢？任我如何解釋，他們都堅持「若不能保證每年的加薪比例和多少個月份的年終獎金，那就辭職」，絲毫不肯讓步。

後來才知道，他們為了預防中途有人退出而事先蓋血印，血氣方剛的個性簡直和我一模一樣。當時我住在嵯峨野廣澤池旁的市營公寓，在公司

京都陶瓷創業的夥伴（後排左起第三人為稻盛）

裡談不出結果，只好把他們全部帶回家繼續談判。我說：「約定明年加薪多少比例，用說的容易，但若不能實現，就會變成欺騙，我不願意做出輕率的決定。」、「不相信我的話，也沒有辦法，但若有勇氣辭職的話，何不也拿出勇氣，當做被我騙一次，留下來吧。」

我們在家促膝長談，

花了三天的時間終於一個個點頭答應，剩下的最後一人卻無論如何都不肯妥協，最後聽到我說「我如果做出背叛你的事，你大可殺了我」，之後終於哭著握住我的手。

交涉過後，我既疲倦，心情也感到異常沉重。公司雖小，但有這麼年輕的員工把他們的人生寄託於我，我連鄉下的親人都照顧不好，卻要照顧員工們的一生。想當初創業的動機，單純只為了讓自己的技術問世，但經營公司卻必須擔起如此沉重的負擔，接連多日我都懷疑自己的創業是否過於魯莽而悶悶不樂。

經過數週的思考，我終於解開所有的疑慮。「如果只為了滿足自己的研究欲望而經營，即使獲得成功，也會犧牲員工所獲得的結果。公司應該有更重要的目的，經營公司最基本的目的是，就算是未來也必須保護員工與其家人的生活，並以員工們的幸福為目標，」想通了以後，我胸口的煩悶頓時煙消雲散。藉由這次的體驗，我提出了以下的經營理念——「追求全體員工物質上與精神上的幸福」。京都陶瓷由實現自我理想的公司，轉變成以全體員工幸福為目標的公司。

但即使如此，仍感覺有所不足，自己的人生只為了照顧員工而終，這樣真的對嗎？應該要有用盡一生之力，以身為社會的一分子提出貢獻的崇高使命。於是我又加上「為人類和社會的進步與發展做出貢獻」作為生涯所追求的理念。經營理念必須獲得全體員工的認同，衷心接納並成為根深蒂固的價值觀，否則毫無意義。確立此經營理念之後，不但成為公司經營穩固的基盤，在我往後的人生觀也佔了極重要的地位。

創業初始，我每遇煩惱或苦於無策時，必定去找當初抵押房產為我籌措資金的西枝一江先生商量。他出身於新潟縣某寺廟的家庭，察覺到我身心俱疲之後說：「我知道了，我們去喝一杯吧！」就帶我去祇園一家他常去、同樣來自新潟縣的姐妹藝妓所開的料理店，一邊喝著美酒，一邊為我打氣。

他就是這樣的一個人，除了鼓勵我，還教我身為一個經營者，酒應該怎麼喝。我照著鹿兒島的習慣一直為他斟酒，他就說：「這樣會喝得慌慌張張的，酒啊！要愉快地喝才行。」我不再為他斟酒時，他又說：「有時也該為我斟兩杯吧！任何事適時、時機合宜是很重要的，要記住啊！」在創業恩人面前我不敢喝得太猛，於是他說：「酒是為了醉人的，你這樣壓抑地喝對身體不好。」一見我一飲而盡，他又說：「被酒灌醉，不行不行。」最近我的酒量減少了許多，但關於喝酒這件事，我仍有待修行。

好勝心與淚水

京都陶瓷創業初期，全靠松下工業的訂單支撐，開拓新客戶乃為當務之急。我擔任業務行銷的先鋒角色，前往日立製造所、東芝、三菱電機、SONY、日本電信電話公社（NTT）電氣通信研究所等，各研究開發顯像管、收發電信管、真空管的企業工廠和研究所。

像U字型絕緣體這種高週波絕緣性陶瓷，在業界是新的素材，在缺乏業績證明的情況下，要順利取得訂單，需要時間。我只好先提供樣本並表示「我們開發出效能非常好的絕緣體材料，請務必試用看看」，再等候對方的反應。

其中有多處表示興趣，拿出設計圖說：「那麼，像這樣的產品做得來嗎？」我看到的設計圖，幾乎都是不曾在日本製造過的製品，所要求的精密度和機能以目前的技術很難達到，但是我都當場立即接受訂單。因為知名度高的公司做得來的東西，他們當然會委託有信用的知名公司製造，而默默無名的京都陶瓷，必須把其他公司拒絕或做不到的工作承攬下來，這是唯一的生存之道。缺乏器材設備，我們就借用其他的工廠或工業試驗所，利用他們下班後的時間，一直做到第二天對方上班前交還，當然熬夜是必須的。當時我白天跑業務，晚上作研究，一人當兩人用，向未知的製品挑戰。

業務活動的範圍不僅限於大都市，遠離都市的工廠也是拜訪的對象。我永遠都不會忘記有一次嚴冬，我和當時的董事青山政次，到富山縣積滿深雪的立山山麓，拜訪一家電阻器工廠，我在溫暖的南方鹿兒島出生，不適應寒冷，雪飄進鞋子，我的腳凍得發僵。好不容易才抵達，對方卻立即回絕說：

「不需要。」任憑我們一再要求：「請讓我們會見技術部門的人。」對方也不理睬，我們兩人又冷又空著肚子不得已只好默默離開，一步一步走回富山車站。

車站的候車室裡有一個火爐，我無奈地把手伸向火爐取暖，旁邊堆著石炭，火爐燒得通紅。頓時我鬆了一口氣，卻聞到一股焦味，低頭一看，我唯一的一件大衣下擺著起火來，因為我太冷太貼近火爐了。

青山先生也曾經接下令人為難的訂單，為了搶先獲得新顧客，從身邊的關西地區開始與三菱電機伊丹製造所接洽。恰巧那時三菱電機正在煩惱，找不到廠商願意生產瓷器的傳訊管冷卻筒。三菱電機說：「你說任何訂單都能接，那就拜託京都陶瓷了。」那是外徑三十公分，內徑二十公分，高六十公分的大型瓷器圓筒，有兩層螺旋狀的空洞讓冷卻的水流過。這麼複雜的形狀，據說一家以技術聞名的絕緣礙子公司都拒絕，但一個出價五萬日圓，一個月最少需要十個。

對當時的京都陶瓷而言，這個價位非常吸引人，青山先生想著使用現有的模具總有辦法，且又被價格條件所吸引而接下了這筆交易。但這次不是我們最在行的特殊瓷器，而是普通陶瓷、連專門製造廠都推卻的製品。我驚訝地說：「再怎麼說也未免太大膽了吧！」但事到如今，總不能說我們辦不到吧。

我天生好勝不服輸，決心挑戰這個任務，但圓筒的口徑大過於我們現有的模具口徑，解決之法首先要啟動機器，把模具壓出的陶土，捲在外徑二十公尺的木圓筒上，克服了尺寸上的問題。

這個階段還算順利，接下來的乾燥才是大問題。我們沒有乾燥室的設備，只好放在電氣窯下方所墊的一層木板上曬乾。放著不動的話，導致受熱不均，顏色也會不均勻，並產生龜裂的情況。起初十個之內，至少七、八個都不行，只剩兩、三個良質品。

在防止龜裂的問題碰到難關，一般大型黏土製品的乾燥，必須有乾燥室調整溫度與濕度。但我們沒有多餘的資金增設乾燥設備，突然我靈機一動，何不用布把容易產生龜裂的兩端綁起來試試看。於是立刻使用這個方法，同時為了讓陶土的每個部分均勻受熱及乾燥，而在窯旁徹夜守護，一邊從上方加濕，一邊定時轉動陶土進行乾燥作業，就好像整夜抱著嬰兒似的。而這項作業的結果，在十個之中已經可以取得七、八個成品。

資金不足只得絞盡腦汁拚命想出這個辦法，終於幫助我們度過難關。數年後得知某家知名企業，在大型圓形陶瓷製品的乾燥作業中，以纏布的方法取得專利，令我驚訝不已，我們老早就實行的方法居然成為別人的專利。雖然這次費時費力且獲利甚薄，但是連專門業者都敬而遠之的工作，京都陶瓷卻能達成，帶給我們甚大的充實感。最初員工們都認為這次不可能會成功，但這三、四個月的期間，由於我的堅持，在全體員工心中根植了「永不放棄」的精神，是我最感到高興的收獲。

之後在東京設立辦事處，但儘管業務員勤於拜訪關連企業，默默無名的京都陶瓷卻始終難以加入市場，無法在業界佔一席之地令我心有不甘。當時日本的知名企業大部分都由美國引進技術，既然如此何不先讓美國的企業用我們的製品。開放市場，講究公平競爭的美國，想必能夠接納有實力的人加入，如果能在美國獲得肯定，日本的企業必然會競相採用。

一九六二年（昭和三十七年）夏天，我以一個月的行程隻身前往美國，那也是我第一次出國。那時候的匯率一美元兌換三百六十日圓，而且限額攜帶外幣，一百萬日圓的出國費用，對創業僅僅四年的公司來說絕對不是一筆小數目。

出發前日，我到千葉縣松戶市公營住宅的朋友家，練習相當不習慣的洋式廁所用法。出發當天，雲層低厚，好像隨時都會下起雨來，天候不良，但我的家人和公司幹部們都到機場為我送行，其中甚至有人穿著工作服搭夜車趕來。

到了紐約，我每天都到代理公司的辦公室，雖然有可信賴的工作人員，卻始終得不到商談的機會。我若會說英語的話，早就自己到處去拜訪了，無奈我連吃頓飯都無法溝通。我到深夜也不肯回去，早上上班之前就在門口等著，對代理公司施加的壓力起了效果，終於獲得拜訪公司的機會。每次我拿出樣本，所有的人都同樣做出驚訝的反應。

其中有陶瓷廠商表示「請傳授這個加工技術」，但卻未能敲定重要的交易。雖然我安慰自己，此行見識到美國的先進，而京都陶瓷的技術也受到肯定，但終究沒有得到具體成果而懊悔的歸國。

一個月的停留已近尾聲，最後一天代理公司為我開了一個餞行晚會。

宴會中，分店長致詞說道：「到今日為止，有很多日本人來美國出差，但沒有一個像稻盛先生這麼認真，每天都到公司堅守工作崗位的人。大多數的人都象徵性的工作一下，然後就想著要去那裡觀光，應該學習的是我們。」

我抱著悲壯的心情而來，但這家代理公司卻沒有努力達成我的期望，我說：「我用公司寶貴的經費來到美國，片刻也捨不得休息拼命工作，希望能儘快回到公司。本來我希望這次會得到協助而使工作更順利，但總算所有預定的行程都結束了。」我的致詞說不上有感激之意但也避免抱怨之詞。當場我高聲唱了一首正在日本流行的曲子，村田英雄的〈王將〉，不過我把歌詞改為：

明天要出發到紐約

赴海外出差（左一為稻盛）

說什麼都要贏
燈火射向夜空的通天閣
我的鬥志又燃起

黯然的結果讓我懊惱，讓我重新思考是否再來美國，但同時也激起總有一天要讓美國對我另眼相看的心情。

那天的餞別晚會上有一個美國女職員問我，學生時代有沒有做過什麼運動，我回答說練過空手道，她說她從沒見過，想親眼瞧瞧。

我看見會場角落裡有一些塑膠板，我把十五片疊在一起，用拳頭正面擊下，塑膠板當場裂成兩半，瞬間我的手指濺出血來，沾紅了墊在塑膠板上的手帕。

這種情景，日本女性一定會嚇得轉身不敢看，但不愧是美國女性，看見鮮血卻為我的魄力高聲歡呼。還過來跟我握手表示，本來以為我只會認真工作，但現在則認為我在任何情況下都非常具有勇氣。

由於我一心想開拓海外市場，兩年後經由香港到歐洲和美國出差。這次有一位得力助手隨行，是在前一年加入我的公司、松風工業前任貿易部長上西阿沙先生（之後擔任京瓷副總經理）。

比我大十一歲的上西先生在加拿大溫哥華長大，精通英文會話與貿易業務，並擁有各國的人脈關係。跟前次無法託付的代理公司相比，自己公司的職員效率必然百倍以上，但抱著大志出國的兩人卻屢發生衝突。

我抱著悲壯的決心，即使是貿然行動，也要爭取到訂單，這次絕對不能空手而回。但每天疲憊不堪回到飯店時我都難過地說：「今天也白跑了，又白白浪費公司的錢。」

上西先生卻冷靜地對我說：「盡了力卻交易不成，這是常有的事啊。」「交易不成，公司說不定會倒閉，所以才需要上西先生的力量啊。」「得不到的就是得不到，凡事都需要過程。」

雙方互不相讓，聲音越來越大。

我們接連到維也納、羅馬、倫敦和巴黎，都因技術高水準而受矚目，但仍舊沒有接獲訂單。我有時留下眼淚說：「對不起大家。」上西先生卻露出「居然為了這種事在哭，真不敢相信」的表情。

我希望上西先生捨去常理，傾盡全力甚至超出極限，攜手創造同甘共苦的公司，也要求上西先生能由理性變成「更具感情」的人。我連日來不斷對上西先生說：「或許結果並不順利，但至少要盡力做到讓神也會憐憫我們的努力，而賜給我們訂單。」

起初上西先生頗不以為然，但最終變成不可或缺的同志，日後成為京瓷在海外競爭中指揮戰略的中心人物。而我們行走世界之苦也終於獲得報償，一九六四年底，取得香港微電有限公司的訂單，次年取得美國快捷半導體公司，用於電晶體的精密瓷珠訂單。

全員參與經營

一九六四年（昭和三十九年）四月，京都陶瓷創業五週年，從二十八名員工起步的公司如今增至一百五十餘名。全體員工到和歌山的白濱溫泉，盛大慶祝五週年紀念。藉此機會，青山政次先生就任第二任總經理，我就任副總經理。

借用宮木電機倉庫的本部工廠已經變得狹小，因而一直在找適當的遷移地點。當時滋賀縣的蒲生町正努力招攬公司在當地設廠，遂聯絡我們表示有一塊七千八百多坪（約二萬五千七百平方公尺）的空地，於是我開著公司的第一部座車速霸陸360到現場視察。

滋賀工廠的松茸壽喜燒派對（右一為稻盛）

那塊地原本是軍方用來練習射擊的丘陵地，北側計劃名神高速公路將通過，距離八日市出入口的預定地很近，我站在宛如一片原野的土地上，在腦中描繪工廠排列的場景。第一棟建築物在一九六三年完成，之後陸續增設，一九六六年也把京都本部移到此地。

滋賀工廠的角落有一座松木林，計劃在那裡增設不良品放置場時，偶然發現了天然的松茸。我們立刻摘一大堆，開了壽喜燒派對，正高興有吃不完的天然松茸時，當地的人卻很生氣來抗議：「不許任意採取。」我們回答：「這塊土地是我們的。」他們毫不讓步說：「從以前到現在，這一帶的松茸都是地區的共有財產。」地區習慣不容忽視，與松茸的緣分僅僅一年就被迫了斷。

由小城鎮出發的小工廠，發展成百人以上規模的公司，有喜也有憂。一路上我們憑著一股熱情衝刺而急速成長，但我擔心遲早有一天會失去墾荒者的鬥志，變成世間一般普通的公司。

平常，我偏好用「同志」或「夥伴」等用詞。因為與一般企業的創業過程不同，我們是以我為中心所結合成的八個同志，加上多人出錢以股東的身分支持才得以起步，彼此同心協力成為最重要的基礎。公司內的人際關係不是雇主與員工的上下關係，而是朝著同一個目標共同行動，實現夢想的「同志」關係，換句話說就是「共同經營」的橫向對等關係。自創業以來，我們心連心，發誓將互相為對方盡心，不遺餘力，一個小小的公司，大家不團結的話將一無所成。

公司成員在十名或二十名左右的時候，容易產生強烈的一體感。例如，當業務行銷員衝回公司說：「達成交易了！」在場聽到的人都會一同歡欣鼓舞。或者一起工作到深夜，一聽到：「宵夜的烏龍麵來了，大家暫時停下工作一起吃吧！」又是一陣歡呼，這就是小城鎮的工廠。我一直認為，像這樣以對待家人的心來經營，必能給員工和公司帶來幸福。

因此我思考著，該怎麼做才能將每個人的能力發揮到最大，為自己的生活目標而工作。再三思考的結果，我得到了回到創業起點的結論，讓全體同仁參與經營。把全體依照工程與製品群分為數個小團體，每一個小團體都像一個獨立的中小企業，自行計劃管理，自行收支盈虧。

但各個小團體並非固定不變，而是像變形蟲一樣，為了適應環境而衍生增加，因此取名為阿米巴經營（變形蟲經營）。即使公司規模變大，仍依照公司事業的目的，分為數個會計獨立的小團體，如此一來，必然會使具經營者意識的人才輩出。而且阿米巴的全體成員，必定會掌握各小團體的目標，在各自的崗位上努力，因而提升個人的能力，為個人的生活目標而工作。

但有一個前提，公司必須擁有公認的經營哲學。京瓷的經營理念是，公司並非屬一部分人所有，而是夥伴全體所有。因此，員工能積極參與經營，為提升業績而盡力。

不僅如此，我又向員工強調「關懷之心」與「利他之心」的重要。因為徹底執行獨立核算收支盈虧，各團體容易為了爭取到更多預算而拼命努力，但做得過火就會萌生「只看得到自己」的利己意識，進而演變為各小團體互相攻擊，造成公司內部崩解。因此，各團體之間互相關心，堂堂正正的競爭，阿米巴經營才能獲得真正的成功。

把總公司移到滋賀工廠時的工廠外觀（一九六六年）

在以利他哲學為根基的阿米巴經營制度之下，業績提升並不會立刻反映到薪資上。因為優秀的業績是貢獻給大家的，對業績好的阿米巴小團體，公司贈與名譽和榮耀。為大家做出貢獻所得到的充實感，獲得彼此信任之夥伴的感謝和讚賞，那才是身為一個人所能得到的最高報酬。

京瓷之所以有今日的發展，完全歸功於經營哲學與阿米巴經營融合成一體所致。現在，日本國內的員工總數超過一萬三千名，共有三千多個阿米巴小團體，而且還繼續不斷地在擴大。

實踐阿米巴經營的同時，我為了與員工達到同心一致而經常舉行聯歡會，有佳餚也有美酒，但是和一般的宴會不同，我們不胡亂喧鬧，互相圍坐著一邊喝酒、一邊談論工作上的煩惱及理想的職場樣貌，甚至連人生觀都無所不談。我非常喜歡與人討論，即使快到天明也捨不得放下酒杯散會。我也非常鼓勵員工們開聯歡會，總公司和各個工廠必定有聯歡會專用的和室。

也許有人會說那是道地的日本式，但我認為再也沒有比促膝討論更好的溝通方式了。只有在這個時候完全沒有上司和部屬之分，所有的人都敞開心坦率提出意見。也許看在別人眼裡，我們好似在吵架，但正因為激烈的辯論，京瓷哲學的精髓才得以傳達給所有同仁。聯歡會是心與心相連結的最佳場所，同時也是教育的場所。

記得滋賀工廠剛啟動不久時，有一次的聯歡會到了深夜還難以結束，大家決定到外面的店繼續，一走出工廠一片漆黑，我們沿著田間小路排成一列，一邊聽著青蛙的合鳴前進，走到最近的店至少要一個半小時。目標為世界第一的我們，真是氣勢旺盛。

能力無限

一九六三年（昭和三十八年）滋賀工廠第一期工程完工，寬廣的丘陵地上只有一座工廠和一棟木造平房的宿舍。但一九六五年三月香港微電有限公司，七月美國快捷半導體公司相繼訂購大量的精密陶瓷零件，海外貿易因而步上軌道。但總公司與工廠分散於京都與滋賀，致使生產效率不佳，待時機成熟後決定投資一億日圓增建滋賀工廠。

一九六六年，兩座新工廠和兩層樓的員工宿舍完工，總公司機能由京都轉至滋賀。女員工每天早上從京都出發，轉搭工廠的接送巴士，九點到滋賀工廠，接送巴士持續運行約一年。每天乘坐巴士通車來回各兩個小時，相當的辛苦。而我命令自己和其他幹部都住在員工宿舍，捨不得浪費通車的時間，分秒都要在前頭指揮作戰。

一九六六年四月，接獲一則令人雀躍萬分的消息，期望已久的ＩＢＭ決定，交由我們生產兩千五百萬個用於電腦的積體電路基板。

競爭對手包括羅森泰（Rosenthal）和德固薩（Degussa）等德國陶瓷業知名的大企業。敝公司營業額一年約五億日圓，而這筆交易成交就可獲一億五千萬日圓，全體員工無不歡欣雀躍，接連舉行酒宴慶祝，這樣還不盡興，好幾次又到八日市的店家去熱鬧了好一陣子。

現在回想起來，其實那是超乎想像的苦難開始。雖然這是我們期望已久的交易，但ＩＢＭ的規格要求超乎尋常的嚴格，試作幾次樣品都被退回。老實說，當時京瓷的技術水準是否足以應對都成問題。通常我們接受訂貨時，都只有一張註明規格的簡單設計圖，但ＩＢＭ的設計說明卻有一本書那麼厚，實在非常精細。從積體電路基板的特性，到測量密度、表面粗細及尺寸精密度的測定方法與測定機器都有詳細的記載。更不用提對比重、滲透性及吸水率的要求嚴格，甚至連尺寸精密度都比平常嚴格數倍，但我們卻連測量尺寸精密度的機器都沒有。

我燃起了好勝心，這是把公司技術提升至世界水準的大好機會，沒有比這更棘手的對手了。積體電路基板用於ＩＢＭ當時最大的商品，大型通用電腦「３６０系列」，ＩＢＭ委託生產的對象，不是在電腦重要零件上已經有卓越成績的羅森泰和德固薩，而是默默無名的日本中小企業。跟快捷半導體公司一樣，世界一流的企業重視的是公平，只要技術能力夠就會受到肯定，與過去的實績或知名度無關。我們立刻備齊了自動壓模機三十台，大型電氣爐兩座和測定精度用的投影機等必需的最新機器。從混合原料、成型到加熱完成的所有過程，我都親自坐鎮指揮。

上：用於IBM大型通用電腦「360系列」的積體電路基板
下：IBM積體電路基板燒成時所用的電爐

次年五月，在慌亂之中我就任總經理，當時我三十四歲，創業邁入第八年。那時我住在滋賀工廠的員工宿舍中有上下床鋪的兩人房，跟我同一個房間睡在下層的，是跟我一樣在京都有家的杉浦正敏董事。有一次我工作到清晨五點才爬上床睡覺，但每天早上七點有早會，杉浦見我鼾聲大起睡得正熟，沒有叫醒我就悄悄地出去，我醒來一看已經十一點，急忙趕到工廠責問他：「為什麼沒叫醒我，用打的也該把我打醒啊。」不管前晚做到多晚，早會一定要參加，這是非常重要的。

三個月、五個月，時間毫不留情飛逝而過，失敗的樣品越堆越高。好不容易做出合乎規格的製品，送出二十萬個，正想喘一口氣時，不料卻被判定品質不良而遭全數退回。ＩＢＭ總公司的採購負責人和技術人員前來解說：「ＩＢＭ的自動判別機，因為京瓷的製品材質微黃，而無法正確判定是否合格。」為了做出純白的製品，必須從混合原料開始重新做起，真是一段遙遠的過程啊。

終於接到合格通知，我高興得跳起來，才發現原來是一場夢。某天，我想鼓勵工作到深夜的員工，半夜二點巡迴工廠時，看見負責壓模的員工悄然站在電氣爐前，走近時發現他抽動雙肩哭泣著。詢問了理由，原來是爐內溫度不均，燒出的成品在尺寸上起了微妙的變化，但他想這次一定會成功，取出一看卻沒有改善而感到灰心難過。我說：「今天先去睡吧！」他不肯離開，於是我又說：「加熱的時候，你有沒有祈求神明，無論如何要保佑成功呢？」其實我想說的是，有沒有盡到最後的力量，努力到除了求神保佑而別無他法的程度呢？他聽完反覆不停說著：「求神了嗎？求神了嗎？」然後點頭說：「我知道了，讓我再試一次。」之後終於克服了這個難題。

簽訂這筆交易後過了七個月，終於收到正式的合格通知。不是在作夢，但正式生產也由此開始，二千五百萬個龐大數量必須在限期內完成，工廠二十四小時無休，分成三班輪流操作，每個月以一百萬個為目標。我從原料的調和到成品檢驗，都在工廠裡指導。一發現不良製品就拿放大鏡來檢視，查出原因再做改善。

當時出貨的情景（滋賀工廠）

滋賀縣多雪，一下大雪各地的公共交通都停頓，工廠雖然派出接送車到各個方向去，但能接到的員工卻有限，達不到全面作業的人數。近中午時，一位定時制的女員工全身披滿雪花而來，道歉說：「這麼晚才到，真不好意思。」說完立刻走向壓模機開始操作，原來她從近江八幡走了兩個多小時才到。

接著，沒有暑期連休也沒有過年的日子持續了兩年多，終於在約定的期限內全部交貨。我目送最後一輛運貨的卡車離去，心想「人的能力是無限的」，同時也體認到，保持必定達成的強烈願望是非常重要的。

此外，ＩＢＭ採購部的代表艾力克．喬所說的話也令我領會，他說：「完成這次的工作，京瓷的技術必定會有高度的提升。」通過世界一流企業的徹底考驗，所得到的自信是任何事物都難以取代的。本公司的積體電路基板受到ＩＢＭ高度肯定的消息，立刻傳到日本國內各電氣、電子業公司，「京瓷積體電路基板神話」也隨之誕生。

一九六八年又得到另一個令人高興的消息，本公司入選第一屆中小企業研究中心獎。這個獎由經濟部與中小企業研究中心所設，一年一次表揚優秀的中小企業。這是我們第一次受到官方的表揚，至於得獎的理由，乃以獨自的技術開發出特殊瓷器、高純度精密瓷器等前所未見的材質，並提供高品質、高精密度的製品給海內外的各電子相關企業。日本的電子工業有半數以上都依賴國外的電子陶瓷製品，但我們卻做出能外銷到世界的高水準製品，這個獎肯定了我們在技術開發上的努力與成果。

同時有其他四家公司獲獎，笹倉機械製作所、古野電氣、林製作所和武藤工業。獎金各一百萬日圓，我認為這是全體員工努力的結果所致，理應還元給大家，所以全部用在發放給員工的紅豆飯禮盒和接連舉行的聯歡會上。幾年後，在得獎的公司聚會上談到獎金的用法時，大半數都回答用在研究開發上，只有我坦白說：「平時我就想，如果有一天得獎，一定要報答全體員工的辛勞舉杯慶祝，這次能實現非常感謝，都用來吃吃喝喝了。」我認為這才是活用錢的方法。

人性的經營

以ＩＢＭ的交易為契機使得外銷激增，因此一九六八年（昭和四十三年）夏天，派遣貿易部門總經理上西阿沙與部屬梅村正廣（現任副總經理）兩人，到洛杉磯的丸紅飯田公司內開設辦事處。

因為要求盡量節約，他們找到一家住宿費一天只需五美元的旅館，當時大公司的出差旅館費用一般約二十五至三十美元，相較之下，真為難他們了。但更辛苦的是，不會講一句英語卻被派到美國的梅村。在加拿大長大的上西便成了梅村的英語老師，三個月內禁止梅村說日語。梅村的努力著實令人感動，但他的努力也得到相對的結果，短期間內就學會說英語。

美國半導體產業的先驅快捷半導體公司是我們最大的客戶，總公司位於舊金山南端的山景市。上西與梅村每天都從洛杉磯搭乘夜間巴士前去拜訪，從不缺勤，但因效率過低而搬到附近的森尼韋爾。那一帶後來發展成半導體產業的集中地區，也就是矽谷。那裡當時還是一整片的櫻桃園，尚未開發任何工業，日本企業最早進駐此地的應該是京瓷。

次年一九六九年，將美國常駐辦事處改組成美國當地法人 Kyocera International, Inc.（ＫＩＩ），由我擔任董事，上西任經理和總代表，至於行銷部門總經理和其他的職務都雇用當地的美國人，但實質上的運作都以上西為中心，與梅村一同進行。

白天，他們兩人四處拜訪矽谷的半導體製造公司，晚上回到辦公室必須把報價、訂單和報告書等送回日本總公司，在週末擬定下週的計劃，幾乎完全沒有休息，租房只是深夜回去睡覺的地方。美國人以家庭為重，他們兩人

向快捷半導體公司併購的聖地牙哥工廠

捨身賣命的工作情形，甚至被當地批評為「神風特攻隊公司」，但實在有做不完的工作。

當時美國的半導體產業興起，快捷半導體公司的優秀技術人員紛紛獨立創業，誕生了英特爾（Intel），美國國家半導體（NSC）等公司。在後面的章節再做詳細說明，後來這些公司競相訂購京瓷的陶瓷封裝，那是促使京瓷發展的重要製品。

好景持續到一九七一年，一次

我訪問快捷半導體公司，對方的副社長提出一個意外的要求，希望我併購位於加州聖地牙哥的陶瓷工廠。我們以雖設立KII，但並沒有在當地生產的計劃而回絕，但對方不放棄勸說：「先別這麼說，看過再決定。」把我帶到工廠去。

結果，為維持安定供應美國廠商的正向考量，以及進口限制上的憂慮，而決定進行併購。急忙由日本派遣長谷川桂祐（後任京瓷董事）和其他四名技術員組成團隊進行工廠編制。

併購兩個月後的五月，員工總數三十名的KII工廠開始生產，但始終無法上軌道，除了語言上溝通的問題，日本與美國的工作習慣差異太大是最主要的原因。

美國的技術員絕不跟一般勞動者一起工作，只在辦公室指示，這是美國流的做法。反之，京瓷的技術員一定都在現場解決問題，率先以身作則，指導操作的員工。所以在聖地牙哥照著京瓷流的做法引來抱怨，加上當地的員工不管工作是否已告一段落，時間一到準時下班，就算影響到品質與交貨期而產生問題，也無法處理。

由日本派遣來的成員有身負重任的使命感，一有問題就直接與日本的負責人聯絡，商討解決之策，但對美國人的工廠長來說，等於無視於上司的存在而不高興。

人事管理不周，作業跟著不順利，甚至影響到品質，導致經營上的虧損。惡性循環之下，工廠長憤而辭職。那一陣子我每個月都到美國，具體提出改善經營的指示，但僅僅半年的負債額就已經超出併購的金額。我有了失敗就關閉工廠的心理準備，但長谷川等五人卻不斷堅持說：「一定會做到成功。」一個月後我到美國對他們說：「一億日圓的虧損，當做是讓你們在美國修行的費用，並不貴。不要留下遺憾全力衝刺吧。」

在聖地牙哥工廠的接客室開派對（右二為稻盛）

他們在工廠存亡關頭之下，決心要讓全體員工有同志的概念，讓工廠生氣蓬勃。他們不顧辛勞，拼命工作的情景，讓當地的員工看了也願意一起留下來加班。他們沒有用特別的方法，只是用京瓷流的方法，在員工面前率先帶頭工作而已。他們五個人在距離工廠開車約十五分鐘的地方租房，風雨無阻從早到晚汗流浹背地埋頭工作，身處異國又孤獨無援的心境，可想而知。他們藉著工作來忘卻焦躁的心情，我也非常了解。他們一心一意的努力終於獲得報償，加上美國經濟的發展，一九七三年三月，併購一年十個月後終於開始有盈收。

我每次到聖地牙哥工廠一定馬上換穿工作服到現場，當地的員工們都說沒看過這種總經理。也不知從何時開始，我每次去，員工們就會開歡迎會，大家從家裡各帶一道菜來排在桌面上。我一邊品味大家用心烹調的菜餚，心裡一邊想，不是美國流也不是日本流，用人性經營就對了。

經營是馬拉松

我的故鄉鹿兒島，有三個京瓷的工廠，川內、國分和隼人。繼滋賀工廠之後，我正在物色新工廠用地時，鹿兒島縣長金丸三郎和鹿兒島縣北邊川內市的相關者熱心邀請說「希望藉著企業工廠進駐，強化縣的經濟基礎」。

簽訂合約的前一天，我回到鹿兒島的老家過夜，老是憂心忡忡的父親說：「你開公司都已經叫人擔心了，還要在川內買那麼大的土地，沒問題嗎？」不但不覺得高興，還一再叫我停止這個念頭。

一九六九年（昭和四十四年）的夏天，公司創立第十年的同時，川內工廠開始運作。開幕典禮當天一早，我從鹿兒島市內的老家開車前往工廠，不巧正下著豪雨，好不容易到了川內市，卻因河川氾濫禁止過橋，到不了對岸的工廠。打電話聯絡，得知工廠四處浸水無法正常運作。但是昨天已經準備好今天的開幕儀式，延期就不吉利了，就算來賓無法出席，至少也要致詞鼓勵員工。

總之，不親自去工廠什麼事都無法決定，唯一可行的是徒步走過國鐵的鐵橋，我下定決心從川內站開始走，經過川內河附近時，看見枕木之間川流的濁水捲起漩渦。後面傳來腳步聲我回頭一看，豪雨之中一位年輕女性拼命跟過來，我說：「連男人都很危險，你快回去。」她不理會我的阻止，回答說不去不行，硬是要往前走。我又問：「你到底要去那裡？」她回答：「京瓷。」一有這樣的職員，我確信工廠一定會成功。

川內工廠就在這麼惡劣的情況下誕生，但卻有令人難忘的回憶，當時正是以美國為中心之半導體產業的興盛時期。

一九六五年左右，矽晶體管已經大量用於電器製品，到現在為止依然是半導體的主流，電晶體的陶瓷密封容器需求隨之增高，本公司因此接到大量的訂單。

一九六五年，美國德州儀器公司（ＴＩ）阿波羅計劃的電子機器，採用本公司的陶瓷桿，因此我常到美國德州儀器公司。一次有一位技術員問我：「能不能做出這樣的東西？」他拿給我看的是一塊用兩層陶瓷片重疊而成，用來保護積體電路的封裝試驗品。那一瞬間我感到陶瓷的歷史將展開嶄新的一頁，並直覺這將會成為掌握公司命運的新製品。

我暗自研究如何把這個新的概念運用到製品開發上，把具彈性的陶瓷薄片重疊做成積體電路封裝，接著在薄片上印刷電子電路，積體電路的電氣訊號就能經由印刷的電路自由進出，這可說是劃時代的新製品。

這個構想尚在研究中，就接到快捷半導體公司委託開發這個新概念的封裝試驗品。立刻組成以青山令道（之後任京瓷董事）為首的八人研究小組，在三個月之內完成開發計劃。

但是真的一旦著手開發，步步都是難題，把陶瓷做成薄片狀是新的嘗試，進一步把陶瓷薄片重疊燒成，也是第一次嘗試，而在陶瓷薄片上印刷精密的電子迴路更是前所未聞。整整三個月，開發小組廢寢忘食，終於完成了二十個試驗品交給對方。

快捷半導體公司十分震驚，新製品在技術上有不少需要突破的難題，但居然能在短短的三個月內完成。不過很可惜，對方在收到試驗品之後，並沒有進一步的接洽。倒是耳聞風聲的美國德州儀器公司、摩托羅拉、英特爾和美國微系統公司（AMI）等，都相繼委託我們進行開發與大量生產。

多層陶瓷封裝起先用在電子計算機的積體電路，之後終於用在電腦心臟部位的MPU（微處理器）及通信用的半導體封裝，當初我在美國德州儀器的預感終於成為事實。

川內工廠專門生產新製品半導體多層封裝，大量供應給美國廠商。一九七一年，川內工廠月產百萬個，成為世界第一的陶瓷封裝工廠。如果沒有川內工廠的存在，半導體業的演變想必不會有今日的繁榮景象，多層封裝可說是戲劇性的揭幕。這段過程所確立的大量生產技術，在一九七二年獲得大河內紀念生產特別獎。

川內工廠上軌道不久，鹿兒島縣方又向我提出購買位於錦江灣北側的國分工廠用地一案。我回答說川內工廠已經足夠，但終究被他們說服。而且還不止一個工廠用地，鄰接的三個用地都因找不到買主而被迫全部（約二十二

領先世界開發陶瓷多層封裝的試驗品

萬平方公尺）購買。不過，川內工廠已經因一再的增產呈現飽和狀態，所以未雨綢繆買下國分用地，立刻動工建廠。

一九七二年，在著名的香煙產地國分，興建工廠竣工。這裡專門生產電子計算機數字螢光顯示管的陶瓷基板，一開工就供不應求，當天所生產的製品都必須趕上最後一班飛機運送。但是電子計算機廠商如雨後春筍般林立，沒有底線的價格競爭使得陶瓷零件不合乎成本，訂單逐漸減少，從一時的超繁忙變為超冷清，讓我了解到不管是多麼暢銷的產品，也有可能在短期內消失。

在鹿兒島興建工廠之後，外銷增加使得出口部門快速成長，這使得總公司設在滋賀工廠相形不便。一直以來我都想在京都興建公司大樓，物色土地時找到了東海道新幹線沿線、京都山科的土地。當時興建的總公司有五層樓，在一九七二年完工，把總公司、關西營業部、貿易和商品開發等部門集

開工時的國分工廠

結於一處。

公司發展到這個程度，開始有人勸我讓公司股票上市，那時正好是川內工廠剛加入生產的時候。自創業以來，我以全體員工參與經營的大家族主義為目標，鼓勵員工持股，因此本公司的股東有百分之八十是公司職員。隨著公司發展，所需資金年年增加，相對的卻很難再增員。

因此，一九七一年十月在大阪證券交易所第二部與京都證券交易所上市招募新股。一般股票上市大致上有三種方法，其一，既有的股東出售所持股份，創建公司的元老將因此獲得莫大的報酬。其二，以公開增股的方式招募新資金。其三為前兩種方法的折衷。證券公司大概都會以「創業多辛勞」而建議第一種方法，實際上很多上市公司也採用這個方法，但是我選擇了發行新股的辦法，不為創業者個人的利益，而是為充實公司的資金著想。

公司必須有豐富的資金，否則在不安定的社會情勢下將無法生存。為了如同夥伴的全體員工，有必要準備充裕的資金。把企業的利益放在個人利益之前考慮，是身為經營者理所當然的職責。

公募價格目標四百萬，一股起價五百九十日圓，當天共賣出八十萬股，令我感慨不已。我經常把經營比喻成馬拉松賽跑，以前喜歡聽收音機轉播，現在也很喜歡看電視轉播。戰敗後的日本企業跟馬拉松賽跑一樣，在戰前就具有相當規模的企業是有名的選手，戰後如春筍般浮現的黑市商人則是無名的選手，包括舊財閥組織，有名的、無名的都在企業戰爭這場長距離競賽中同時起跑。

京瓷在一九五九年創立，等於許多集團已經跑到十四公里了，我們才在起點出現。我們不但不是專門的長距離跑者，而且窮到買不起飲料，一副穿著破舊布鞋的窮酸相。

從來不曾跑過，卻第一次就要跑完四萬二千一百九十五公尺，本人也不知道結果將會如何，但唯一有自信的，是過於常人的旺盛競爭心。既然決定參賽，就有傾盡全力的強烈決心。總之，沒有資金，沒有人才，赤手空拳在這場極為艱難的賽程中，只有專心一意猛衝，直到累倒為止。

賽程中，有人放慢腳步，或有人倒在路邊，看見了也只能咬緊牙繼續往前跑，跑過轉角，突然出現了光亮的直線跑道，股票第二部上市的背影不就在眼前嗎？忍不住要高喊，終於跑到這裡了。

股票上市當晚，在滋賀工廠的廣場開慶祝晚會，我說：「到今日為止的辛勞都被喜悅沖散，但是光高興就可以了嗎？」從此我們對員工和其家人，投資家和股東都必須負起責任，他們都是期待京瓷今後的業績上升才購買股票的。我們就像是贏得小地區賽馬比賽的馬，而這些人相信我們在大規模賽馬中，就算與高級賽馬競爭也能贏得勝利，因而買我們的馬券。

因此我們背負著不得不勝利的宿命，「就像〈跑吧！幸太郎〉這首歌的歌詞，要有決心跑到骨折了，不，應該說跑到快骨折了也永遠都要跑下去」。我呼籲大家要讓世間看見我們鄉下馬的骨氣。

另外有這麼一件事，股票上市時經由介紹，我希望能請一位叫做宮村久治的優秀會計師負責監察。聯絡過後，本來我以為他會馬上答應，沒想到他卻回答說：「要先看過你是一個什麼樣的經營者，才能決定要不要答應。」

我們第一次見面時，他更嚴厲地說：「有些公司會說，不要太堅持，或不要太拘泥於細節等等，但經營者必須一貫公正，不能貫徹正直意識的經營者，我礙難合作，你明白了嗎？」

我當場回答：「太好了，那正是我的原則，最希望如此。」但他還是不相信，接著說：「起初每個人都這麼說，剛上市時業績當然很好，但業績變差時你也能保持公正嗎？我必須看清楚。」

真是一個頑固的會計師，但是光明正大、透明的會計本來就是我創業以來的經營哲學，因此我誠懇地請求他：「一定要拜託像宮村先生這樣的人，請相信我，答應這項工作吧！」

宮村先生並不輕易答應，繼續說：「以專門技術創業，這麼快就能發展到股票上市，公司內的管理系統是否完善？」並徹底調查了公司內部的管理體制，從北美的子公司到日本的總公司，無一處遺漏。但是他愈調查愈發現，所有的傳票、金庫的現金都與帳簿相吻合；物品、傳票、現金一對一的處理，連遠在美國的會計管理也沒有絲毫的錯誤。這位「頑固的會計師」因而對京瓷的會計系統大大地另眼相看。從此宮村先生不但是工作上的夥伴，同時也成為我個人的好友。

石油危機的打擊

「營業額月收十億日圓到夏威夷旅行」——這個口號是在一九七二年（昭和四十七年）喊出的。前年的營業額每月達五、六億日圓，因此提出一口氣提升到兩倍的目標。

公司內有人問道：「沒有次等獎嗎？」於是我回答：「那麼，達到九億日圓就到香港去，不過八億日圓的話，全體到京都的禪寺去打坐。」打坐並非本意，總之整個公司對夏威夷和香港旅遊的話題，反應非常熱烈。

三得利酒廠打出「喝 Torys 威士忌（Torys Whisky），到夏威夷旅行」的贈獎活動已經過了十年，但海外旅行在當時，對一般人來說，依然是望塵莫及之事。

十年多來我一直有一個夢想，因為我生平第一次的海外出差是在一九六二年的美國之行，當飛機飛離日本土地時，我胸中感到震撼的驚喜，到現在依舊難忘，所以我希望把那種感動，分享給所有同甘共苦的員工。

結果外銷情況良好，業績提升到九億八千萬日圓，很高興地送給大家香港旅遊當做獎賞。一九七三年一月，一千三百名員工分別由大阪機場和鹿兒島機場，搭乘專機陸續出發。

我和滋賀工廠的第一批員工一起由大阪出發，工廠的員工有不少來自附近的農家，在海外旅行堪稱稀奇的時代，滋賀縣農家的阿伯阿嬸們到香港旅行，簡直像在做夢一樣。從大阪伊丹機場出發的一路上都非常興奮，到了香港的高級飯店，興奮之情仍絲毫未減，第一天晚上在海上皇宮餐廳吃海鮮料理，約兩個小時後，各自回房休息。

一九七三年初以關島旅行為目標（左二為稻盛）

我經過走廊，所有的房間都吵吵鬧鬧的，突然看見一個阿嬸在腰間圍著一條毛巾大叫：「幫幫忙呀！」我問她：「怎麼了？」她回問：「怎麼樣才能放洗澡水啊？」於是我到浴室實際教她操作，突然她大驚失色大叫：「哇！是總經理！」原來她把我當作其他同事才問我，結果沒想到居然是老闆，而且自己還半裸，害她羞得全身通紅。不只她，其他人也都很困擾，不知道怎麼用洋式的浴室和廁所。

幾乎所有的員工都是第一次出國旅行，才會發生這些騷動。全體參加是本公司的信念，從打掃的阿嬸到總經理，沒有上下之分，大家一起高高興興的旅行。三天兩夜的旅行雖然短暫，但接觸了異國文化後，似乎有不少人都重新感覺到日本的好，回程的飛機內充滿了快樂的回憶和員工們喜悅、感謝的聲音。

緊接著，我又提出「十八億日圓到關島，二十億日圓一定到夏威夷」的方針。當時田中角榮首相提出「日本列島改造計劃」，景氣回復使得這麼高的目標也立刻達成。次年一九七四年決定全體到夏威夷旅行時，卻發生了石油危機，考慮到在這個時期去夏威夷旅行，未免太過招搖而臨時取消，改發臨時獎金來報答大家。

石油危機期間，交易驟減，公司受到直接的打擊，當時產業界多施行裁員或暫時遣散，連京瓷也到了不得不減薪的狀況。但本公司以「追求全體員工物質上與精神上的幸福」為經營理念，自創業以來有著全體同甘共苦的歷史，因此我宣佈既然是命運共同體，就要死守繼續雇用。

雖然做了不裁員的決定，但工作過少，過多的人員會讓現場的空氣變得懶散。因此，工作減半，人員也減半，沒有被派到生產線上的人禁止進入現場，早會過後在工廠內除草、整理花壇或清掃水溝。同時頻繁舉行技術研修會以備恢復正常營運所需。下雨或下雪無法清理外面時，就在會議室研讀京瓷的哲學。這段日子是以前追求效率、氣氛緊張時，所無法想像的情景。以前，夥伴們在緊張的氣氛之下，發生爭吵的激烈討論是家常便飯，但現在卻默默彎下腰來除草，對一個製造現場的人員來說，沒有比不能參與製造更難過的事了。

營業部的負責人見狀非常過意不去，「這是行銷的問題，營業部將盡力爭取交易，絕不讓工廠的人員再遭到這種待遇，在此之前請你們再委屈一下」。但營業部門竭盡全力也無濟於事，世界的不景氣導致市場需求持續呈現低迷狀態。一九七四年底，創業以來陷入苦境，我向工會提出「一年之內不加薪」的方針，工會在會議上一致通過這個提案。但是，在京瓷工會之上的聯盟工會卻不同意，要求一律加薪百分之二十九。因此京瓷工會內部，針對應該支持聯盟工會、或是接受公司的方針，進行激烈辯論。

結果京瓷工會認為，各個企業勞資雙方的關係不盡相同，聯盟工會不考慮相異情況而單向命令，讓人無法信服，便召開臨時大會決定脫離聯盟工會，組成獨立的京瓷工會，並且制定「京都陶瓷勞動工會憲章」，宗旨如下：「工會是為了人類團體永久的幸福而存在，勞資雙方是緊密的同軸關係，共同開創命運，在共同目標之下共享苦樂，勞資雙方所肩負的責任是平等的。」

之後，訂單需求恢復正常，所有的人員也回到生產線上。次年，甚至超乎工會的要求，包括凍結加薪期間的金額一併加薪並發放獎金，以報答大家在凍結加薪期間所做的忍耐。

這段期間的一九七三年，協助京都陶瓷創業的大恩人相繼離世，「為這個青年的夢想下注」而抵押個人房地產向銀行貸款的西枝一江先生；當初怒喊「要為這個不知天高地厚的傢伙出錢？」的交川有先生，他們一旦決定了就會徹底支援。接到西枝先生的訃訊不久，交川先生也隨之離世，兩人皆享年七十一歲，到臨終為止都是我獨一無二的摯友。

京都陶瓷成立時，是前任總經理青山政次先生介紹他們給我的，青山先生在西枝先生的葬禮中致詞說：「五十年前，我與西枝君在京都大學工學系相遇，西枝先生是新潟縣郊外，淨土真宗寺廟住持的次子，新潟高中畢業後考進京大，畢業後我們一起到松風工業就職。經濟大蕭條時他離職改當律師，松風工業的專利都交由西枝先生辦理，雙方保持密切的關係。偶然的，京大的好友交川君在商工局的專利部門上班，三人雖然各在京都與東京，但見面的機會甚多。西枝君的律師業務非常繁忙，雇用了文書人員與女傭，大多是來自新潟縣，其中有一位半工半讀的文書人員，就是後來在京都八幡市圓福寺的西片擔雪大師，畢業後改到宮木電機上班，與交川君等人都全力支援京瓷的創立。」

「西枝君為人慷慨，沒有太多積蓄，實在沒有餘力投資陶瓷這個新事業，當他決定抵押房地產時，夫人曾說：『抵押了房地產，我們可能會變得身無分文。』他回答：『男人欣賞男人而為他出錢，正合我意。』後來他一直作為京瓷背後的指導者，有時親切，有時嚴格地教導京瓷的幹部，完全不顧私利，守護著京瓷的成長。」

圓福寺的西片大師是我剃度時的老師，能與老師相識也是西枝先生的緣故，他給我的大恩無法用言語形容。我在西枝先生的靈前說：「您是我創建公司的恩人，也是京瓷創業精神的來源之一，在您的葬禮上要重新感謝您的恩德，您所賜給我的一粒思想，已經滲透到公司全體，同時也將會擴大到全世界，堅固京瓷發展的根基。今天聚集在此的我們，將繼承您的遺志，發展您的思想並傳達給後代。」

一九七四年二月，東京與大阪的證券交易所把本公司的股票由第二部指定為第一部。一九七五年九月，勝過一股二千九百九十日圓，長居首位的SONY成為日本股價最高的公司。接到這個報告時我不禁低聲說道：「西枝先生，交川先生，那個傢伙的公司終於發展到今日的局面了。」

多角化經營荊棘重重

京瓷自創業以來，一向以精密陶瓷技術為核心，開發新製品並開拓新市場，方才建立起至今的歷史。

一九七〇年代，以半導體多層陶瓷封裝為主軸，各種電子工業陶瓷零件快速成長。但事業偏向一個領域，業績容易受到業界景氣的影響，令我感到不安。

為了顧及企業的成長與安定，多角化經營勢在必行。產品的多角化當然是必須的，在營業方面，我感到有必要開拓現有市場以外的販賣途徑，而考慮擴大海外市場。因而在公司內打出，事業內容多角化和擴大世界市場等，多方展開的經營方針。

經濟評論家們有時主張多角化經營，有時則勸說應該回歸本業，但身為經營者最清楚，多角化經營是企業成長與安定不可或缺的。但多角化經營導致企業的力量分散，容易輸給專業的競爭對手，也是不爭的事實。我曾經親眼目睹某大製造企業接連參與不同的事業，展開多彩多姿的多角化經營，結果力量過於分散，造成最後一無所成的悲劇。多角化或許一時看似成功，但是要維持並長期勝過專業的競爭公司則相當不易。

我認為京瓷的發展必須走向多角化，雖然新參戰者必然處於劣勢，但至少可以從自己最有自信的方面出發，用累積到今日的陶瓷技術與結晶技術，進入不同種類與領域，應該能減少多角化的風險。

首先，在一九七〇年（昭和四十五年）著手進行「合成寶石」的開發。我原本是個缺乏嗜好又不懂風趣的人，但在海外一看見寶石店就會想進去看，尤其是被祖母綠寶石那深湛的綠色所吸引，寶石和陶瓷都屬於礦物結晶，也是我的專門領域。

據說上等的祖母綠寶石原石已經瀕臨枯竭，即使是品質不良的綠寶石，也會因天然且稀少的理由，在市場上以高價出售。既然如此，何不讓我們用高超的技巧作出高品質的祖母綠寶石，並且是分子排列結構完全相同的合成寶石。製作方法以科學的培育方法取代自然的形成，將金屬酸化物加熱至一千四百度，投入綠寶石的原石溶解，再加入種子的結晶，長時間自然冷卻，讓結晶逐漸成長。

真的開始做，卻沒有那麼簡單，人數極少的開發陣容，日夜埋首於研究卻找不出培育祖母綠寶石的適當條件，在五里雲霧中繼續研究開發。我經常到研究室用顯微鏡觀察，顯微鏡下勉強可以看到完全稱不上是寶石的微小結晶體。

一等再等也不見結晶變大，我跟這些年輕的研究員說：「一直沒有進展的話，這個研究就停止吧。」他們回答：「請再讓我們試試看。」過了一段時間，他們拿著用包藥紙包著，像砂糖般大的綠色結晶來給我看，並表示說：「變這麼大了，再給我們一點時間。」等了一陣子卻完全沒有回音，我又到研究室去告訴他們：「不能再大的話就算了吧！」於是他們拿出只比上次大一點的結晶來說：「一定要再繼續。」我半開玩笑地責罵這些年輕人說：「我抱怨幾句，結晶就會變大，是吧！」

不過我接著鼓勵他們：「或許今天還做不出大的結晶體，但是人的能力無限，把自己的能力當作是朝向未來的進行式，相信自己隨時都會進步，合成寶石成功的話，將會是世界首例、嶄新的研究成果。」

之後，結晶體逐漸變大，但到了豆子般大就停止成長。我沒有直接參與研究，但提出了幾項突破開發技術難關的建議，例如祖母綠寶石的製造過程中，在原料溶液裡投入天然祖母綠寶石的種子結晶，再自然冷卻，我暗示他們關於種子結晶投入的時機，若是在溶液溫度下降，化成結晶之前加進去，是不是能促進結晶的成長呢？

實際上的操作掌握時機非常困難，投入種子結晶時的溫度如果高過結晶析出時的溫度，種子結晶將會融化消失，相反的話，則成長不易。研究員們在一再失敗中摸索，終於發現了最適當的時機，順利培育出結晶。「太好了，就這樣繼續進行」，我在心中祈求成功，守護著結晶開發。

結晶雖然逐漸變大，卻有黑色的不純物質滲入結晶體內，無法產生理想的祖母綠結晶。年輕的研究員們一再苦心研究，終於做出含綠色透明，直徑一公分，長度一點五公分的六角柱狀結晶體。從中取出綠色透明的部分，和天然寶石的化學成分構造完全相同，合成祖母綠寶石終獲成功，我和研究員們一起高聲歡呼。與天然的綠寶石相比，無論是光芒或色澤，各方面都呈現最高品質。一九七五年春天，報紙上以「日本首次的壯舉」為題，報導了這次的成功開發。

好不容易開發成功的祖母綠寶石，該如何販賣呢？我左想右想也得不到結論，只好去請教我的好友，精通女性心理的華歌爾總經理塚本幸一。我用紗布包著兩顆剛完成的祖母綠寶石，放在口袋裡去找他，說明來由之後拿給他看，塚本先生瞪大雙眼激動地說：「小稻啊，這真不得了！怎麼能做出這樣的東西呢？如此一來，無庸置疑地京瓷一定會更加發展。」年輕技術員們用四年的光陰，終於完成的寶石，經塚本先生這麼一誇，所有的辛苦都在瞬間煙消雲散。「我要讓更多人看到這個東西，證明我的判斷是否正確」。他說完就拿了一顆回去。

過了幾天，塚本先生打電話約我見面，他在京都祇園的茶屋一室等著，看見我就說：「小稻，這一定賣不出去。」跟他上次說的完全相反。問起原因他說，拿給祇園熟識的藝者和友人們的夫人看過之後，只有一、兩個人稱讚，大多數的人甚至生氣地說「我買了非常貴的天然寶石，這麼漂亮的祖母綠寶石，如果便宜就買得到，豈不是不公平」或「絕不允許代代相傳的祖母綠寶石，因而降低價值」所以，「小稻，一定行不通的，這個東西賣出去會招來女人的怨恨喔。」

但我並不畏懼，事先知道有這種反應就夠了，我認真地思考應該如何克服困難，開發出合成寶石的販賣途徑。

回顧人工寶石的歷史，法國人歐基斯特・維爾納（Auguste Victor Louis Verneuil）合成紅寶石成功，用於瑞士手錶的軸承上，這是人工寶石的開端。從前手捲式手錶都會註明使用了十五顆或二十顆的寶石，但除了這種工業用的零件，與天然寶石並列的人工寶石開發一直沒有成功。因此，做出合成寶石是具有劃時代意義的一件事。但是我不只是做出合成寶石而已，我更要開創出合成寶石前所未有的新市場。

我立刻在東京的銀座和京都的四条開設直營店，以 CRESCENT VERT 作為品牌名稱正式發售，CRESCENT VERT 是綠色新月之意。上市之後，果然如塚本先生所憂慮的，CRESCENT VERT 被視為仿造品，不了解這是經過長時間合成，與天然寶石有同樣組成構造的製品。當時寶石等於財產的意識濃厚，普遍相信具有稀奇價值的天然寶石才是真的。寶石業界也不認為合成寶石能賣得出去，各地的寶石店都拒絕交易。

起步就遭逢重挫，CRESCENT VERT 陷入窘境。但不被常理所限，貫徹「原理原則」乃是我的哲學。我相信即使短期之內無法讓大眾了解，但只要堅持以低價位提供高品質的寶石，總有一天，顧客終將會了解。因此我堅持繼續開發合成寶石的市場，構築了獨自的販賣網。

一九七七年設立 CRESCENT VERT 股份有限公司，獨立販賣部門，由我擔任總經理，京瓷創業成員之一的岡川健一（之後任京瓷董事）擔任董事。當然他從來沒有販賣寶石的經驗，完全不知道該從何著手，加上受到寶石業界強烈的排斥，業績呈現持續不振的狀態。

某日，祕書告訴我說岡川的樣子很奇怪，我到他的辦公室一看，他的頭上出現一處禿頭。岡川一向有遇到煩惱就會摸頭的毛病，不知不覺中抓下了頭髮。由於我一向要求虧損部門自我反省以改善業績，而嚴格追求業績居然令他這麼痛苦。我忍不住大喊：「幹部們，集合！岡川變成這樣之前，難道都沒有人阻止嗎？」然後看著岡川說：「叫你改掉這個毛病恐怕也改不了吧！與其叫你不要拔頭髮，乾脆理光頭，一個人怕羞的話我陪你一起理光頭。」

岡川理了光頭之後，好像解脫似的，更熱心於寶石的販賣，頻繁舉行合成寶石的演講，每週末到全國各處巡迴開展示會。我勉勵苦戰中的營業部員

在比佛利山莊羅迪歐大道（Rodeo Drive）開設 INAMORI Jewelry 直營店

工：「身為一個販賣的專家，把不被看好的東西賣出去，讓大家另眼相看吧。」

為了獲得新的販賣途徑，在石油、瓦斯等相異業界徵求代理店，以代理店為中心舉行販賣會。除了祖母綠寶石，技術部門接連開發出紫翠玉、紅寶石和藍寶石等新的合成寶石。終於，CRESCENT VERT 的魅力在寶石愛好家之間獲得肯定，固定的顧客增加，事業逐漸走上軌道。

一九七八年，以 INAMORI Jewelry 之名登陸美國，為了製造話題，在洛杉磯郊外比佛利山莊的羅迪歐大道（Rodeo Drive）設立直營店。如果把店面設在美國西海岸的一級地點，美國的名人和日本觀光客前來，將有助於品牌的提升。開幕典禮盛大招待了比佛利山莊的市長、當地的名人和富裕階層。為了引人注意，我穿上純白的燕尾服乘坐白色勞斯萊斯汽車進場，結果當晚喝了太多香檳，怎麼回到飯店的，一點記憶都沒有。

上天的考驗

一九七五年以陶瓷技術為根基，發展出車床等金屬加工機械切削工具的多角化事業。

當時，京瓷與西德的陶瓷企業菲爾德米勒公司合併，組成菲爾德京瓷歐洲電子零件有限公司（FM／KC）進攻歐洲市場。我到西德出差，經由菲爾德米勒公司介紹，參觀了賓士汽車製造廠。在那裡，我看見各種製造柴油引擎的高速車床，正在高速運轉切削金屬的情景。仔細一看，車床尖端使用的是陶瓷材質的刀刃。日本一向使用超硬合金的刀刃，但切削速度上升，引起磨擦熱而損傷，消耗頻繁為其缺點。相對的，陶瓷材質的刀刃有耐熱的特性，能減少磨損。從很久以前我就在想，是否能活用這個特性並應用到切削工具上，參觀了賓士製造廠之後，我更加相信「大量生產的時代，陶瓷切削工具必定會普及」，因此決定引進菲爾德米勒公司的技術，派五名技術員前往西德。

當時，菲爾德米勒公司的技術水準高超，有京瓷所不及的技術。尤其是費了一番苦工才學會，超微粉的鋁礬土成型或以一千八百度高溫燒成等技術。引進技術兩年後的一九七三年終於量產化成功，並以商品名「京瓷刀具」上市。

但是，當時日本的工廠很少有像西德那樣的大型高速車床，而以回轉速度較慢的車床為主流。因此，適用於高速車床的京瓷刀具，在低速回轉的情況下，反而容易受損，而不被採用。加上在超硬合金切削工具界，居一席之地的各大公司，都有固定的代理店和特約店，相較之下京瓷完全沒有流通途徑，在行銷上非常不利。

就在那個時候，我在一次海外出差的飛機上，偶然認識鄰座的大隈鐵工廠（後改名為大隈〔OKUMA〕股份有限公司）副總經理大隈武雄先生。大隈鐵工廠販賣車床等工具，我談到本公司切削工具的現況成為契機，在一九七三年與大隈鐵工廠締結總代理店的合約。有了營銷網絡後，正準備開始大量生產，不料卻發生第一次石油危機，庫存一下子堆積如山，結果與大隈鐵工廠的合作關係，在短期間內就告終，不過卻讓我們藉此建築起獨自的營銷網絡。

首先，在全國各處設立營業所，徵募京瓷刀具的代理店和特約店。然後讓工具部的營業員，協同特約店的營業員一起拜訪客戶，實際操作工具的用法，說明並促銷。本公司的營業員早上在特約店的門口等著開門，晚上也繼續拜訪客戶，熱心的程度被稱為「又是一家京瓷」。京瓷刀具逐漸廣受好評，特約店隨之增加，特約店之間組成「京瓷刀具協會」，建立共存共榮的關係。

另外，為了克服陶瓷工具的缺點，針對日本使用的車床，開發適合的工具為當務之急。結果開發出兼備陶瓷耐熱性和金屬強韌性的金屬陶瓷工具，並成為廣泛應用於日本工作機器的暢銷商品。與獨占市場的超硬合金切削工具相比，不但能高速加工、切削出更精美的製品，而且價格低廉。金屬陶瓷開發成功，一口氣提升了京瓷刀具的知名度，成為今日高品質切削工具的代名詞。

多角化的發展過程中，也參與了醫療器具的開發，包括人工牙根和人工關節。一九七二年（昭和四十七年）大阪齒科大學的川原春幸教授來訪，詢及：「是否能用陶瓷作出人工牙根？」所謂人工牙根是用陶瓷等材質做成的螺絲，埋進下顎骨，半永久性地固定義齒。

川原教授研究過金屬製的人工牙根，但人體對金屬產生排斥反應而失敗，想不出其他適合的材料而去拜訪京都工藝纖維大學的奧田教授，奧田教授說：「陶瓷的話應該不會有排斥反應，你去找京瓷的稻盛先生商量看看吧。」川原教授聽了以後，先用陶瓷做實驗得到好的結果，遂立刻來找我。

聽完川原教授的說明，我的直覺告訴我陶瓷或許能應用在醫療的領域。與金屬、塑膠相比，陶瓷不會融入體內，比較不易產生化學反應（活性較低），並且與製造細胞的蛋白質分子構造完全不同。

人體和有機物一樣，會分解、吸收接近本身組織的構造，但對不同的構造則會產生排斥。於是我想，排斥反應發生時，是不是呈現圓形而非直線產生。也就是說，對相異的分子結構產生排斥，互相由圓的某一點出發，繞回到對方起點而變為相容，就這點而言陶瓷與人體的相容性高，是活體親和性高的材料。

京瓷自創業以來，活用陶瓷的優良特性，開發新用途和新製品是我的習性。自己所研究的陶瓷，如果能對患者的健康有益，對醫療的進步有貢獻，那將是非常榮幸的事。於是我決定著手開發陶瓷的醫療植入器具（植入活體內材料）。

立刻用固有的多晶體鋁礬土陶瓷做試驗，但並不成功。咀嚼食物時，人工牙根所負擔的力量非常大，需要更強而有力的材料。當時公司為其他用途正在生產藍寶石單晶，藍寶石單晶是純度高的鋁礬土單晶材料，強度遠遠勝過多晶體的陶瓷，但缺點是過於堅硬，難以加工。雖然如此，我還是通知川原教授決定用這個材料做出人工牙根，向研究陣營下達全力開發加工技術的指示。

只有鑽石才能切削的強硬藍寶石單晶，必須加工成螺絲的形狀，而且表面必須平滑無痕。試驗反覆失敗又繼續摸索，某日開發小組的一位成員，三

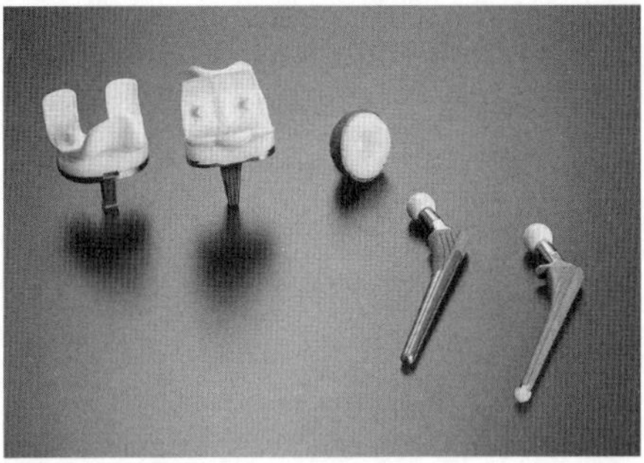

陶瓷人工膝關節（左一與左二）和人工股關節

輪哮（後為京瓷董事）偶然在研究室的門口撿起一張紙，從那張紙上的矽晶圓鏡面加工法得到靈感，而開發出全新的藍寶石研磨加工法。製品化成功的人工牙根，累積了治療數據，在一九七八年通過衛生署許可，正式以「生物陶瓷」（Bioceramic）為商標問世。

事與願違，市場的反應相當冷淡，因為當時願意挑戰植入手術的牙科醫師為數極少。於是把研究成果提供給醫學院附屬醫院和牙科學會，在各地針對開業的牙醫師舉辦人工牙根技術講習會，致力於普及的結果，有能力做植入手術的牙科醫師增加，人工牙根的製造公司也增加至二十多家，京瓷的地位也更加穩固。

另外，從陶瓷的活體親和性和耐磨性來看，應該能為因事故或疾病失去骨骼關節的病患做出陶瓷的骨骼和關節。因此，在開發人工牙根的同時，我也指示開發小組研究陶瓷製的人工骨骼和人工關節。在國立大阪南醫院敷田卓治博士的指導之下，不斷地與醫院、醫學院整形外科醫師開會進行開發工作。人工骨骼與人工關節必須應各部位的形狀作開發，累積了臨床試驗之後，終於獲得衛生署的許可。

但就在生物陶瓷事業步上軌道的一九八五年，卻面臨了意外的局面。人工骨骼和人工關節被批評為有違法藥事法之虞，事情的原委是因為我們在獲得日本厚生省許可前就先製造販賣。

一位整形外科醫師委託我們：「京瓷用陶瓷開發了非常優良的股關節，但骨癌病患的切除面積大，希望能為他們做出合適的人工骨骼與關節。」擔任的職員回應必須等到厚生省許可，但那位醫師說：「陶瓷股關節已經獲得許可，重要的是能讓病患免於切除手足，所有的責任由我承當。」因此以助人為先而答應。

其他的整形外科醫師也陸續要求：「有許多膝蓋不好而難於步行的人，希望能製作人工膝關節。」還有尚在臨床試驗階段的製品，得到「使用情況非常良好，希望能繼續使用」的好評，而一一答應。但是根據藥事法的規定，同一種材料做成的人工骨骼與人工關節，每個新形狀和尺寸都必須通過個別的許可才能販賣，而我們在得到各個許可前就提供出售了。

這件事被報紙、雜誌大肆刊登，創業二十五年急速成長的京瓷，有史以來第一次受到世人的批評。我對部屬們說：「所有的責任皆在於我，大家不要受到影響，要誠實正直地應對。」雖然出發點是為了病患著想，但以公司的立場觸犯藥事法卻是事實，我們深深反省並接受停業一個月的處罰。

這件事讓我心情低落，幫我得到救贖的是我的心靈老師西片擔雪大師。他是臨濟宗妙心寺派圓福寺的高僧，卻願意傾聽我的俗世煩惱。大師沒有成家，不喝酒，勤於托缽，過著清心寡欲的日常生活。平常他的話不多，也不會特意說教，我前往拜訪時，他總是靜靜地為我製做抹茶，聽我訴說公司的種種。

當我提到被新聞媒體嚴厲批評的時候，大師說：「那也是沒辦法的事，稻盛先生，受苦就是活著的證明。」我以為他會說安慰我的話，沒想到他卻說：「遭遇災難的時候，就是消除過去業障的時候，業障得以消失應該要高興才對。我不知道你的業障是什麼，但這種程度的災難就能讓你消除業障，值得慶祝啊。」果真如「修行消障」和白隱禪師的「座禪和讚」所說那般看透啊！

大師的話不但讓我重新振作，也是最好的教誨，把世人的批判當作是

「上天所賜的考驗」，呼籲全體員工正襟危坐重整心情。之後，我重振精神致力於優良產品的開發和生物陶瓷的普及，讓陶瓷人工骨骼與人工關節，帶給因事故或疾病而失去身體功能的病患，獲得再次自由行動的喜悅。

關愛地球

一九七三年第一次石油危機爆發，代替石油的能源其重要性受到重視，經濟部為了開發新能源，在一九七四年推出「陽光」國家計劃。我確信對於缺乏自然資源的日本來說，開發取代石油的新能源絕對有必要。

因此，我著眼於把京瓷的結晶技術應用在多晶矽太陽能電池上。太陽能電池能夠把永不消失的陽光轉變成電能源，而且不會產生造成地球暖化的二氧化碳，是對地球無害的能源。

當時，京瓷從位於在美國波斯頓郊外的泰科實驗公司（Tyco Laboratoriesm，現改名為泰科國際有限公司〔Tyco International Ltd.〕），引進藍寶石單晶製造技術。該公司的技術把提高單晶矽的「限邊薄片狀晶體生長法」（ＥＦＧ）應用在太陽能電池的實驗，我得知消息立刻向對方交涉技術引進。對方起先因技術未完成，面帶難色，但耐心交涉之後終於獲得承諾。

我號召各公司集合力量設立日本太陽能源股份有限公司（ＪＳＥＣ），京瓷為最大股東佔五一％，加上夏普、松下、美國美孚石油、泰科實驗公司等共五家企業聯合出資。當時太陽能電池的成本異常昂貴，一瓦特需二至三萬日圓，只用於宇宙開發或孤島的燈塔等特殊用途，要普及到一般大眾的生活，首先必須克服將成本減低到百分之一以下的課題。

研究員們集合在京瓷總公司開始研究，但因過於狹窄，而在京都伏見的東土川建設專用的研究室，整頓專心研究的環境。我在百忙之中也會撥空，帶一瓶威士忌酒前去拜訪，和技術員們一邊喝酒，一邊激勵他們說：「矽結晶形成時要目不轉睛地觀察，你們的高昂情緒如果沒有熱到變成蒸氣上升到屋頂，化為水滴滴下來的程度，這個開發絕對不會成功。」

一年半後，終於開發出量產的裝置，把單晶矽的連鎖提高到十公尺以上，一九七九年，技術進步到能接受日本電氣公司的委託，在南美祕魯山中的微波線路中繼基地，設置了八千瓦的太陽能電池作為電源。但最重要的製造成本卻很難降低，提升結晶連鎖所需的時間太長，生產性低，而結晶表面呈現波浪形也有待改進，因此JSEC一直處於虧損的狀態。石油危機的影響結束後，石油供應安定，社會對太陽能電池的關心也急速衰退，京瓷之外的四家企業，意願減低抽身而退。但我有志於將太陽能源實用化，而開始了這項事業，不因為些許的困難就放棄，我買下其他四家企業的股份，繼續單打獨鬥。

一九八〇年，在滋賀蒲生工廠的附近建立了八日市工廠，這個新工廠一定要做到讓太陽能電池的發電成本大幅降低。至今開發出的EFG法在降低成本方面已經達到極限，就在這個時候，我得知德國的威克（WACKER）公司用鑄造法製造多晶矽，將矽溶解後倒入模型中冷卻做成鑄塊狀，削切成為矽薄板。與EFG法相比，鑄造法吸收太陽能轉換成電氣的效率較低，但在生產性和成本方面則非常有利。我徹底檢討今後的技術動向、投資效率與事業發展，決心把太陽能電池的製造法由EFG改為鑄造法。這個決斷讓本公司的太陽能電池成本大幅降低，對太陽能電池的普及貢獻極大。

另一方面，我指示「不是光製造太陽能電池就行，賣不出去就談不上買賣，必須陸續開發更多應用太陽能電池的商品」。首先，領先業界開發出利用太陽能發電的街燈，設置於京都當地的賀茂川河畔和嵐山公園等地，目的在於讓一般市民認識太陽能發電。接著陸續開發出地板下換氣設備、自動發光式道路標示和驅除害蟲的螢光燈等商品，也曾經推銷給SONY作為隨身聽的電源。最近，住宅用陽光發電系統廣為使用，普及了愛護環境、節省資源的設備。京瓷的太陽能源開發事業的歷史等於是開發太陽能電池與應用太陽能源商品的開拓史。

而且不只是用太陽能電池把照射到地球的陽光轉變為電氣，更進一步活用陽光的熱能，開發出家庭用的太陽熱能熱水器，針對一般家庭販賣。自此，京瓷的太陽能源事業以太陽能電池的普及，與活用太陽熱能為兩大方針展開。

世界上尚有許多地區沒有電力供應，希望這些村落能有接近文明的生活，而捐贈太陽能發電的村落電氣化系統。巴基斯坦的坎果伊村與中國甘肅省的捐贈典禮，我都親自出席，受到大群民眾由衷的歡迎與親切的款待。有了太陽能發電，晚上能點燈也能聽收音機的生活，是非常美好的。此外，透過ＯＤＡ（政府開發援助）組織，捐贈給亞洲、大洋洲、非洲和南美等生活上缺乏電力的地區，希望能幫助改善這些地區的生活。

地球暖化已經成為人類的緊急課題，在這狹小的地球已不容許繼續燃燒化石燃料，排放更多的二氧化碳。為此，普及愛護地球的綠色能源是不可或缺的。到今日為止，京瓷動用了總額達數百億日圓的開發經費，在這個領域堪稱世界之首。儘管如此，太陽能電池的生產規模一年不過六十兆瓦特（約六萬千瓦），不得不讓我更懇切地期望，太陽能電池在全世界的普及。今後，資源與能源被預測即將枯竭的二十一世紀，這項事業對社會的意義將更加重大，同時樂見於未來的成長。

由中小企業轉型到大企業，過程中的安定與成長「多角化經營乃不可或缺」，但用說的容易，執行起來卻困難重重。以上所述四項多角化事業，都是本公司在經營資源有限之下，應用陶瓷結晶技術的專長所展開的。居於領導地位的我，花費相當的時間與精力領先衝刺，讓員工們願意追隨。託大家的福，所有的多角化事業都繼續成長，有助於公司的業績安定。

蘇聯之行

一九七五年（昭和五十年）京瓷的股票價位，高居日本第一，到次年的一九七六年依然持續上升。在證券公司的建議之下，以上市美國股票市場為目標，一月正式發行美國存託憑證（ＡＤＲ）。

ＡＤＲ是外國企業加入美國證券交易市場時所發行的憑證，原股交由銀行保管。

日本企業自一九六三年東京海上火災保險公司以來，十三年之間不曾有其他企業加入美國證券市場，而京瓷不過是資本十億日圓左右的中堅企業，因而成為當時的話題。

起價一股二十三美元，通過美國證券交易委員會的正式許可。一月二十九日在美國開了一場慶祝派對，日本時間是一月三十日，正好是我四十四歲的生日。在美林證券總公司（Merrill Lynch & Co., Inc）大樓舉行的派對，從高樓看見夕陽將盡的紐約夜景，接受大家為我唱生日快樂歌和禮物的祝福，想起當年赤手空拳創業至今的歷程，胸中感慨不已。

我在致詞時說出心中的感慨：「公司經營和藝術創作過程相似，在空白的畫布上任由創造力奔馳，畫出美麗的畫。京瓷是我的藝術作品，在世界中心的紐約展出，不知道會得到什麼樣的評價，我的心裡充滿期待和不安。幸好第一天就得到全部售出的結果，感到非常喜悅。同時也證明了無名的青年精心建築的公司，已經被認同為國際企業。

這麼值得紀念的日子，竟然和自己的生日同一天！世界再怎麼大，也找不到第二個像我這麼幸運的人吧。我要把這份喜悅送給養育我的雙親作為感謝，也高興到不知道該怎麼向妻子說明才好。」

把技術設備外銷蘇聯的經驗，和這次獲得海外認同一樣令我難忘。那是在創業第四年的一九六二年，蘇聯的政府要員透過代理公司提出參觀工廠的要求。

次年，蘇聯方面接連數次來訪，預定購買數十億日圓的陶瓷製造設備，但最重要的商談卻毫無進展而不了了之。但是早已經遺忘的這件事在一九七四年又被提起，經由外國貿易署全蘇聯技術進口公團的邀請，我來到蘇聯。

進行到簽約的階段發生問題，原因是蘇聯方面要我立刻在他們事先準備好的合約書上簽名。蘇聯方面的合約書網羅了所有技術讓渡的範圍和代價、工廠建設的條件、付款條件、交貨日期、必須達成的生產性和產出率等項目，都記載著對蘇聯有利的條件。

我說「這樣的內容，我不能簽名」，希望刪除某些項目，又用紅筆修改訂正，幾乎所有的條文我都要求改寫。對方生氣地說：「這是蘇聯政府法律專家所寫的契約書，不遵照的話交易就不成，你把蘇聯的法律專家當成傻瓜嗎？」我當然不肯讓步，回答：「在這種單方面的條件下，不能把技術和設備賣給你們，交易不成就算了。」我憤怒地敲桌子，立即起身離開。

到了晚上，一位政府要員來電請我一起吃飯，說「這是外交禮儀一定要來」，我去了之後，他又說：「看在我的份上，請你明天一定要出席會議。」沒辦法，第二天我只好去參加會議，但對方依然不改高壓的態度，交涉呈現平行狀態。

無論白天交涉得多麼激烈，到了晚上一定舉辦宴會。在日本很難吃得到的魚子醬居然有一大盤，一道又一道的珍品料理，直到深夜還不結束，還有喝不完的伏特加和烏克蘭的白蘭地，老實說這倒是挺好喝的。

雖然如此，白天緊張的交涉已經讓我非常疲倦，酒精度高的酒一喝就醉，好幾次在上前菜時就醉倒了。後來聽說，我們醉得搖搖晃晃地回到飯店之後，蘇聯方面的人還一直鬧到天亮。

軟硬兼施的交涉持續了好幾天，我終於不耐煩地說：「如果不接受我的意見，我就無意外銷技術和設備，明天我就回日本。」當時，回日本的班機也不得不請蘇聯方面安排。我說要立刻回去，得到的回答卻是「沒有班機」，不肯輕易讓我回去。蘇聯方面對京瓷的技術似乎勢在必得，用盡手段把我留下。

他們的做法與其說是商業交涉，不如說是外交手段，用長期戰讓對手煩躁，再用懷柔政策。對方巧妙的交涉手段讓我煩惱不堪，但我仍然堅強地不做絲毫讓步。後來摸清了他們的手法，知道如何逐步引導他們讓步，晚上捨不得睡覺，整理當天交涉過變更的條文，為明天的交涉做準備。這種情況

在蘇聯的設備完工典禮上剪綵

下的交涉長達兩個星期，蘇聯方面終於服輸，同意大幅更改契約書。最後他們說：「好吧，你是第一個讓我們接受大幅更改要求的，這份契約書的內容絕對不能給任何人看。」

我的主張反映在契約書上，總售價額五十一億日圓，其中的十四億日圓為經驗技術費。起先蘇聯方面沒有經驗技術費的概念，不肯接受而說：「無意付這項費用，不是已經由機械售價取得利益了嗎？」我回答：「經驗技術是我們血汗的結晶，得不到認同的話，我會對不起所有的員工。」但是對方似乎不能明白社長對員工感到抱歉的心情，一直到最後，我都堅持不認同的話交涉就此結束。

那一年，京瓷的年營業額總計約兩百億日圓，稅前盈餘六十億日圓，與蘇聯交易的營業額與經驗技術費幫助甚大。因為如前所述，當時正是受第一次石油危機影響，業績大為滑落的時候。這次的技術設備外銷剛好足以填補業績不振的部分。

一九七六年秋天，中山孝司等十一人的小組由日本出發，前往莫斯科以東六百公里，馬里自治共和國的約什卡爾奧拉，以往不曾有日本人到過這個地方。冬天零下二十度，有時還會降至零下三十度的酷寒之地。約什卡爾奧拉的周圍是一片白樺樹林，但夏天飛蚊甚多。

當地的工廠有二百名員工，其中十名曾經到鹿兒島的川內工廠實習。

那個時候我知道他們在飯店裡吃的是黑麵包和冷罐頭，所以我命令部屬說：「他們的出差費恐怕不多，要盡量招待，讓他們感到真的受到日本的照顧。」他們從沒見過海，當然也不曾游過泳，川內工廠的員工帶他們到附近的海水浴場，熱情的招待讓彼此建立起友好的人際關係。

實習結束，蘇聯的生產開始，半數以上的勞動者都沒有製造多層陶瓷封裝的經驗，在生產線上指導也得不到理想的製品。有時電氣爐爐內充填的氮素煤氣純度過低，有時在鍍金工程所使用的水也不適合，需要改善的地方太多，而蘇聯的對應卻百般遲緩，耗費時間又得不到解決。小組人員本來就沒有期望會像在日本那般順利進行，沒想到實際的進行狀況比預想的更糟糕。

何時才能返鄉呢？派遣小組住在市中心一家叫做「友愛」的飯店，但組員們的心情卻與飯店名相反。在大地也凍僵了的寒冷地帶，難懂的俄語，吃不慣的食物，這些過酷的條件是出發前就已經預料到的。我擔心派遣小組的成員，偷偷地把米、味噌和醬油等食材裝進機械設備的貨櫃內，不必被海關檢查就能運送給他們。

十一名小組成員從早到晚，像馬車的馬匹一般在工廠飛馳，這些日本人的工作情形，起初讓當地的員工感到震驚，但隨即獲得信任。有一次，進度比計劃落後許多，日本人的小組成員命令當地員工星期六加班，但已婚的女員工大批湧來要求「星期五可以通宵工作，但星期六一定要休息」。原來蘇聯的社會夫妻雙方都有工作，但星期六托兒所休息，從此不曾要求星期六加班。

我想出一個方法來表示對當地員工合作的感謝，那就是在機械設備或消耗用品託運時，順道把一些小禮物寄去，像原子筆、口香糖、指甲刀和月曆等日用品。其中最受歡迎的是女性的絲襪，當時在蘇聯很難買得到，工廠的員工以十九歲到二十多歲的年輕女性居多，絲襪讓她們特別高興。

或許是這一點小心意打動了她們的心，當地的員工不知不覺之間，成為朝共同目標努力的同志。蘇聯本來沒有加班的制度，下班時間一到理所當然地立刻停下手回家。但是這個工廠不一樣，必要的時候大家都會留下來加班，這一點讓約什卡爾奧拉的其他工廠幹部大為震驚：「為什麼那裡的員工願意留下來加班？」由於當地員工的努力，技術上的課題逐一解決，終於能夠完全放心把工廠交給他們作業。

製造能力年產三千五百萬個多層陶瓷封裝的機器設備，無事故，無不良情況，一次就通過測試。一九七七年四月，我赴當地剪綵，圓滿完成本公司第一次的技術設備外銷。

一心只想幫助

創立二十週年的一九七九年（昭和五十四年）是京瓷面臨轉機的一年。之後成為京瓷在通訊機器事業領域中技術根基的兩家企業，TRIDENT 公司和 CYBERNET 工業在這一年成為京瓷集團的一分子。

TRIDENT 公司曾經以生產計算機而急速成長，前身是以生產計算機和收銀機的 CSTEC 公司，因計算機的海外市場需求急速減低而經營惡化，把公司名改為 TRIDENT 企圖重建。夏普企業的佐佐木正先生（後為夏普副總經理）拜託我說：「無論如何要救救 TRIDENT 公司。」我考慮過後決定接收成為京瓷集團的一員。

由富士通的董事古橋隆之先生介紹，同樣是夏普出身，CYBERNET工業的總經理友納春樹先生（後為京瓷副總經理）一同來到京瓷。CYBERNET工業製造汽車用無線對講機，外銷到美國發展急速，繁榮時期的年營業額超過一千億日圓，員工有二千六百人之多。但是美國更改無線對講機的規格之後，經營陷入困境而請求救助。

電子機器完成品的製造對京瓷而言是未知的領域。和以前的多角化事業不同，電子機器的製造不是我最專門的陶瓷技術的延長，而是完全相異的業種。

要把傾斜欲倒的公司重新扶正並不容易，但是我被友納總經理的心情所感動，他期待公司在面臨破產的情況下員工得以獲救。因此，我邀請友納社長和其他十名幹部到京瓷總公司，在五樓的和室準備了酒和火鍋。我說：「這是京瓷流的酒宴，喝酒讓彼此坦開胸懷，把想說的話都說出來。請不要客氣，有問題儘管提出來，同樣的，我們也有問題要請教。」緊張不安而顯得僵硬的 CYBERNET 工業的訪客似乎也放鬆了許多。

現場的氣氛變得十分歡愉時，我下定決心宣布：「跟大家的一席對話，我相信 CYBERNET 工業有許多好人，能共同努力，我們就當場結婚吧。」

公司與公司結婚的說法，意思是即使有缺點，一旦結婚了，就必須互相協助為繁榮而努力。但實際上的路途卻非常遙遠，因為當時的 CYBERNET 工業已經完全沒有無線對講機的訂單，只生產少許的音響製品，虧損狀態非常嚴重。

令人更驚訝的是，工會裡有一部分激進分子存在，動不動就為一些莫名其妙的理由罷工。不但完全不配合我提出的要求，還率領工會成員在京都總公司和我家附近示威、毀謗。在鄰居的圍牆和附近的電線杆亂貼上面寫著「惡德經營者」的傳單，一再用廣播車從京瓷開到京都的繁華街上沿路中傷。我不忍心拒絕伸手求援的人而決心幫助，卻被報章雜誌惡意報導，讓我的家人和京瓷的員工受到委屈。

雖然如此，我把支援 CYBERNET 工業，幫助其員工，看作是利他的行為而忍耐下來。為了扶正傾倒的事業，我派出京瓷的幹部，在一九八〇年把 TRIDENT 公司的事業集中在 CYBERNET 工業上。

一九八二年，整合集團內的技術進行開發新技術與新製品。為了提高經營效率，將 CYBERNET 工業株式會社，株式會社 CRESCENT VERT，日本 CAST 株式會社，株式會社 NEW MEDICAL 四家公司合併，公司名稱由京都陶瓷改為現在通稱的京瓷。

集中集團的力量之後，在機器事業的領域陸續開發出嶄新的新商品。例如在資訊機器方面，有攜帶型電腦（Handheld Computer）、雷射印表機等產品誕生。其中尤其以本公司開發，使用非晶矽感光鼓的打印機，無需更換色帶，有益於環保，在全世界廣為使用。在通訊方面，有無線電話、手機和PHS等系列產品。

今日，到製造資訊機器的工廠，可以看見當初從 CYBERNET 工業時代工作到現在的員工，升職為主管活躍於現場。當初合併時並沒有預計到該公司的技術會帶給京瓷助益，但現在充分應用在京瓷的資訊通信機器事業中，對業績的貢獻極大。從前有一句諺語「行善為己」，二十年後的今日，令我更加深有同感。

接著合併的雅西卡公司是照相機業界的知名公司，引起社會上極大的反應。雅西卡（Yashica）公司在一九四九年成立，以八洲精機為公司名，生產世界最初的電子照相機「雅西卡 ELECTRO35」大為暢銷。一九八二年三月的年度結算營業額高達二百二十六億日圓，但受到石油危機後的不景氣與日圓升值的影響，導致經營情況惡化，有巨額的負債。合併 CYBERNET 工業的那一段期間，認識雅西卡的總經理遠藤良三先生（後為京瓷副總經理），後來我們成為朋友。在一九八三年初，他拜託我說：「公司快要倒了，請一定要救助。」

當初，由於業種完全不同讓我相當猶豫，但是在對方一再的請求之下，我到東京的總公司和岡谷的工廠參觀，研究室的技術員和生產線上員工們的表情讓我看出他們的專心認真。

每次對應該前進的方向感到迷惘時，我都會到京都八幡的圓福寺找西片擔雪大師商量。對於該不該救援雅西卡這件事，大師鼓勵我說：「人有氣勢這樣的東西，現在，京瓷和稻盛先生都有氣勢，這個時候有能力幫助人，不是很好嗎？」有一次我回鹿兒島老家，跟父母說起這件事，父親反對說：「照顧自己的公司就夠累了，還想幫助別人，會累倒的。」不過，那時我的心裡已經下了決心。

持有某種程度的股份也是一種救援雅西卡的方式。但是真的想幫助的話，應該把自己逼到無退路的狀態，所以我對遠藤總經理說：「如果你也有意思結婚（合併），就這麼決定吧。」世間批評「稻盛這個人強人所難，雅西卡無意合併卻被迫同意」，但是我認為既然決定支援，全面負起責任才是最合乎人性的做法。

合併了雅西卡之後，全力重建照相機部門的事業，在日本國內把商品名「YASHICA」改為「KYOCERA」擴大販賣，也開創出暢銷商品「SAMURAI」。並且和德國的蔡司公司（Zeiss Ikon）合作，販賣最高級的照相機「康泰克斯 CONTAX」，一方面維持康泰克斯的傳統，一方面進而開發更高品質的單眼相機新產品，奠定了照相機事業的主軸。

在競爭過熱的市場中，重建公司的事業有接連不斷的辛勞，但是不管處於多麼艱苦的狀態都不曾裁員。苦心守護住的員工們，之後在第二電電

雅西卡的合併會上與遠藤總經理（左）合影

（KDDI）創立等新事業上有極大的貢獻。

　如果把京瓷之前所展開的多角化事業比喻成圍棋，可以說是只在自己陣營內移動的「馬」，而CYBERNET工業與雅西卡的合併則有如在敵陣下一手「飛石」。

　飛石遠離自己的陣營，孤苦無依，稍一不注意就可能被敵陣奪取，危險度高，但飛石若能死守，而與本陣營連接，最後終究得以存活。我就此想法，不辭辛勞好不容易才讓事業走上軌道。

京瓷經常被說成是以積極展開M＆A（企業購併）而擴大事業的公司，但每一次的合併都不是我主動提出的。純粹是受人之託，一心想幫助對方的員工，珍惜到來的緣分而已。當然以最高領導人的身分，不是被人情所影響，而是看清楚對方領導人的人性和公司風氣，對合併之後的影響做過深思熟慮才決定的。

合併公司之後的重建過程，必然有說不出的辛勞。但我相信幫助對方企業的員工是善事，而堅持到最後，同時我也相信這必然會帶來好的結果。

展望人類的未來

一九八一年（昭和五十六年），我接到「伴紀念賞」主辦單位的聯絡，表示希望可以頒獎給我。「伴紀念賞」是東京理科大學伴五紀教授創辦，主旨在於彰顯在技術開發方面有貢獻的人。然而受獎當日，我卻不禁對滿心歡喜接受表彰的自己感到可恥。

隨著京瓷的股票上市，我也獲得了遠超過自己所預期的龐大資產。之後，我開始認為所謂財產，並不是自己的所有物，而是社會託付給我的。伴教授利用自己專利權所獲得的版稅，來進行這樣的表彰事業。資產家的我，不應該是處於接受表彰的立場，而應該轉變為提供表彰的立場才是。從我的人生觀「為社會、為人類奉獻」來看，也到了我該回饋社會的時候了。

當時，我將伴紀念賞的事情，與和我有深交的京都大學矢野暢教授商量。我與矢野教授相識在，當時日本IBM公司總經理椎名武雄先生於伊豆天城所舉辦的「天城會議」。所謂的「天城會議」，是集合了三、四十位學者、經濟界人士、作家等等，住宿於IBM的天城研修所中，進行論述的研修會。主旨是徹底的自由討論，不公開也沒有議事錄，當然也不會進行發表，然後每年研修會時決定下一年的主題。忘記了在第幾次，我接到了椎名先生的邀請前往參加，也獲得了知性上相當大的啟發。不過那次研修會，矢野教授才是議論者中顯眼的存在。也由於我們同樣居住於京都，所以認識之後，立刻氣味相投，成了不時會見面的好友。後來，矢野教授向我提議：「如果在京都也有可提供大家議論的場合就好了。稻盛先生，你可不可以代表經濟界來出力協助呢？」我認為很有趣，所以表示贊同，並且由矢野教授選定京都大學的學者，然後由我來選定京都的經濟界人士，展開了雙方知性上的交流。這就是「京都會議」的開端。

由哲學家的田中美知太郎擔任主席，成員有藤澤令夫、岡本道雄、福井謙一、廣中平祐、伊谷純一郎、佐藤文隆、河合隼雄等，每三個月左右在祇園的茶屋聚會。為追求人類需要的新哲學、新智慧，跨越彼此的專門領域，互相展開熱烈的討論。直到今天為止，此會議依然定期舉行中。

就這樣，我與矢野教授之間，完全變成了熟稔的摯友，矢野教授對於我提出的，想創辦表彰事業的事情，也表示：「這是不錯的點子。要辦的話，就請您辦得像諾貝爾獎那樣的世界級獎項一樣。」我也曾和京瓷的副總經理森山信吾先生商量：「我想以回饋社會為目的，設立財團，創辦世界級的獎項，不過我現在才五十出頭，會不會太早了呢？」而他聽了也鼓勵我：「好事不宜遲。讓我來負責成立財團吧！」

因此，一九八四年，財團法人稻盛財團成立，並創設了「京都賞」。對於創設京都賞的理由，我舉出了兩點。第一點是，如我先前所述「為人類、為社會奉獻是身為人最高尚的行為」，這是我的人生觀。遵循這個觀念，我希望能向培育我至今的人們以及世界來報恩回饋。

第二點是，能夠讓一些不為人知努力不懈的研究者們，從心底感到歡欣鼓舞的獎項實在太少了。那些進行了不起的研究的人，往往都不為世間所知，一生致力於不顯眼的研究。我希望藉由彰顯這樣的人，能給予今後的研究者一些鼓勵。

京都賞的得獎人資格，是謙虛卻比別人努力一倍，對於自己的專攻極盡努力，了解自己且對於偉大的事物，抱持著虔誠之心。並且，其功績對於深化世界文明、科學、精神，都有卓越貢獻。

財團的會長一職，我委託瀨島龍三先生（伊藤忠商事特別顧問）來擔任。而基金的部分，則是由我捐出我個人所持有的京瓷股票與現金，共約兩百億日圓（之後經過追加，財團財產共增為約六百四十億日圓）。

表彰部門為先端技術、基礎科學、精神科學・表現藝術（現為思想・藝術）三部門，獎金金額與諾貝爾獎相近，設定為各部門四千五百萬日圓（現為五千萬日圓）。我認為，科學技術與精神層面必須兩者平衡發展，才能為人類帶來未來，比起科學的急速發達，精神層面的研究顯示出大大的落後。萬物皆有陰陽、明暗、與正負兩面。對於這兩面的理解以及發展必須平衡進行，才能帶來整體的安定。

第一屆於一九八五年開始，之後每年舉辦至今。第一屆的先端技術部門得主為系統理論的創始者，佛羅里達大學教授魯道夫・卡爾曼；基礎科學部門的得主為資訊理論的創始者，麻省理工學院教授克勞德・夏農；精神科學・表現藝術部門的得主為現代音樂巨匠，法國的作曲家奧立佛・梅湘。此獲獎名單，讓京都賞獲評為世界級的獎項。

除此之外，還頒發了特別獎給諾貝爾財團。諾貝爾財團透過表彰活動，對於二十世紀科學、文化的進步貢獻良多，因此我們提出希望可以藉此機會，彰顯其功績的要求。諾貝爾財團相關人員聞此大為欣喜，瑞典王后希爾維亞陛下、蘇恩·伯格斯特龍主席、斯蒂格·拉梅爾執行主委、以及諾貝爾獎六項獎項的審查委員長也蒞臨頒獎典禮。據說，這是第一次所有委員長一同前往海外的例子。頒獎典禮定於每年十一月十日，於國立京都國際會館舉行，每年三笠宮崇任親王殿下以及王妃殿下（後為高丹宮殿下及其王妃殿下）都會固定蒞臨參加。

頒獎典禮莊嚴華麗，深獲好評，以幻燈片附加旁白說明得主資歷的方式，更是受到諾貝爾財團來賓們「Good idea!」的稱讚。表演節目同樣是多采多姿，有京都市交響樂團的慶典序曲演奏、奉祝能劇、兒童合唱團的受獎

京都賞頒獎典禮上與得獎者的合影（中央為稻盛）

讚歌，為了讓一般民眾參加時也都能感到精采滿足，主辦單位費盡心力籌劃。對於表演節目的部分，諾貝爾財團也表示有很多讓他們參考的地方。晚宴開演時的擊柝（譯註：柝為日本傳統樂器的一種。形狀為四角形的木棒。在歌舞伎以及人形劇等表演時，用來敲擊以發出各種音律來通知觀眾或演員開幕、閉幕、演員登場等等），我們也請到藝妓來擔任，充分展現京都風味。

審查選考委員有福井謙一、岡本道雄、井村裕夫、廣中平祐、西塚泰美、藤澤令夫、高階秀爾等超過五十位。參加選考必須獲得國內外有識者的推薦，獲得推薦的候選人，即成為選考的對象。再由各受獎部門專門委員會、審查委員會、京都賞委員會，參考候選人的論文或是功績等，進行嚴格且公正的審查。京都賞既定位為國際表彰獎項，審查委員卻只有日本人，這一點也曾受到過質疑，不過這樣的做法，更可以讓日本以身為選考立場，使其在知性方面的國際觀點受到公評。「沒有比這更具知性，更令人振奮的機會了，」聽了某位審查委員這樣的感慨，深深感到我的理想，正一點一滴地在實現。

第一屆頒獎典禮結束隔年，我在出差的時候，偶然注意到一篇東京新聞的專欄。標題是「京都賞」，作者是森繁久彌先生。文中提到：「這樣的花錢方式，真可謂為一股清流！我們演藝人員也應該有這樣的風範。」當時我感到，森繁先生就是最能理解我想法的人。於是從第二屆開始，我就將頒獎典禮的邀請函寄送給他，森繁先生與我並未謀面，卻每次都不遠千里而來參加典禮，我從心底感謝他的支持。除了森繁先生以外，西鄉輝彥、栗原小卷等多位演藝圈人士也曾參加頒獎典禮。

目前為止，京都賞得主已超過五十位，每一位，都讓我印象深刻。電影導演安德烈．華依達利用獎金，在母國波蘭成立了日本美術中心；美國的生物學者捐出全額獎金，成立了熱帶雨林的保育基金。

美國的海洋學家華特．孟克，也將全額獎金捐贈給美國加州大學的史力克普海洋研究所，設立了京都孟克基金。幾年前，我曾有幸拜訪孟克教授的家，他提到他本身在年輕時，曾為了籌措研究經費辛勞不已，所以成立孟克基金，希望能幫助年輕的科學家或是學生。他將獎金捐贈為研究費時，曾對研究所所長表示：「我希望你能將這筆錢，用來鼓舞那些人們無法想像得到，或是人們認為無法實現的嶄新想法。也是因為如此，我希望你可以根據你個人的判斷，來決定提供研究費的對象。」今後，會誕生出什麼樣嶄新的想法呢？我與孟克教授都相當的期待。

宇宙物理學者林忠四郎教授也為了提供學生獎學金，利用獎金在京都大學成立了林基金。美國的電腦科學家高德納（Donald Ervin Knuth）只拿取了參加頒獎典禮時自己與家人的旅費，然後將剩餘獎金全額捐贈給加州聖塔克拉拉郡的當地財團。

從一絲的善意中，衍生出新的善意，也許當初並沒有特別的意圖，不過這善意的連鎖反應，就這樣持續地發酵。

遇逆境　武士振奮不已

「京瓷創業以來，累積了現金儲備一千五百億日圓，我想拿出其中的一千億日圓來利用。」在通信自由化的方向開始確立的一九八三年（昭和五十八年），我向董事會提出這樣的要求。於是，進軍電氣通信事業，這可謂有勇無謀的挑戰，就是這樣開始的。

一九八二年，在第二次臨時行政調查會，也就是所謂的「土光臨調」所提出的答覆案中，提到了國鐵（譯註：日本國有鐵道的簡稱，設立於一九四九年，是由政府百分之百出資的公社。一九八七年三月三十一日廢止，其業務由JR集團及其關係法人繼承）、專賣公社（譯註：日本專賣公社的簡稱，一九四九年成立，一九八五年隨著日本煙草產業株式會社成立而解散）、以及電電公社（譯註：日本電信電話公社的簡稱，一九五二年成立，一九八五年民營化為現今的ＮＴＴ集團）的分割．民營化。能夠打破電氣通信事業這個獨占體制，這可是百年一次的難得機會。

從國際上來看，日本的通信費也可說是非常昂貴。我過去曾經在北美經營事業，對此現象有過深刻的感觸。有一年，我出差到美國西岸聖地牙哥，去拜訪某家當地法人。當時的業務人員常常打長時間的電話到東岸去，我擔心會造成龐大的費用，提醒他要注意。結果那位業務就拿了一個月份的電話費明細表給我看。我一看才發現，美國的電話費用竟然比日本的長途電話還要來得便宜多了。同樣都是電話，為什麼日本就這麼貴呢？這件事讓我重新去思考了這個問題。

我相當期待隨著通信自由化，代表財經界的大企業會挺身出來設立

consortium（聯盟），但是卻沒有任何人舉手。既然如此，我想那就由我來出面好了，但是這次不同於以往，會遭遇的風險可說是大了十倍百倍以上。

電電公社於民營化當時，年營業額超過四兆日圓，社員共有三十三萬人，可說是格列佛式壟斷企業（Gulliver's oligopoly）。他們所設置的通信基礎設備，遍布全國各地。相對之下，京瓷雖然急速成長，但是營業額只不過兩千兩百億日圓，社員也只有一萬一千人。兩者相比，簡直有如巨象與螞蟻。而且，通信事業離京瓷本業的領域相當遙遠，我本身的專攻是化學，對於通信技術的知識幾乎是零。這樣的我，突然間要挑戰巨大的電電公社，簡直就像唐吉軻德拿者一隻矛就想要挑戰風車一樣。

儘管如此，在我心中仍然感到疑問。既存的大企業，會想要正面挑戰電電公社，為了使長途電話費可以降價而奮不顧身嗎？還是應該由以創業起家的經營者來毛遂自薦，以其果敢的挑戰精神來進軍這塊新事業比較好呢？

此時，京都商工會議所舉辦了一場以數位網路為題的演講會。講師是電電公社的技術人員千本倖生先生（之後的京瓷董事，第二電電副總經理），我們認識之後，相談甚歡且志趣相投，於是就請他成為京瓷的一份子。隨後，千本先生立刻悄悄地招募了出身於電電公社或是民間的年輕有志之士，再加上我，開始了準備誓師奮起的學習會。每週末，我們都會集合在位於京都東山的鹿谷京瓷招待所，舉行學習會到深夜為止。

在不斷與大家進行討論之中，我漸漸覺得「應該有辦法可以實現的吧」，心中湧起了微小的希望。儘管如此，開始這樣的一番大事業，也一定要有卓越的志向，才足以讓同志們的心奮起。我為了確認自己的初衷，每晚上床睡覺之前，都會在心中自問「動機是否為善？是否只為私心？」、「是否只是想譁眾取寵？」、「有沒有想沽名釣譽的私心？」、「為了國民的利益這個動機，是否沒有絲毫心虛之處？」六個月以來，就算是喝了酒之後才

第二電電設立酒會（右三為稻盛）

回家時也是一樣，每天捫心自問之後，確定了我為社會、為人類奉獻的純粹意志完全沒有一絲動搖，於是我決心進軍這項新事業。

此時，在東京剛好有一個經濟界人士的集會。我向與我有深交的優志旺（USHIO）電機的牛尾治朗先生商量：「如果都沒有人要做的話，我有在考慮要不要嘗試看看。」結果牛尾先生與西科姆（SECOM）的飯田亮先生都表示：「我們也都覺得應該要有些行動。如果您自願的話我們都很樂意支持您。」我也向SONY的盛田昭夫先生提出我的想法，他也表示舉雙手贊成。

就這樣，一九八四年六月，第二電電企劃（之後的第二電電）設立，表明搶先出馬進軍電氣通信事業的意願。以京瓷為中心，優志旺（USHIO）電機、西科姆（SECOM）、SONY、三菱商事四家企業同為發起人，總共二十五家企業聯名為股東。在氣氛相當熱烈的設立酒會上，我發表了感言。

「日本的電氣通信事業，從明治時代以來，就是以國營企業來運營。至今，電電公社轉為民營，通信事業也開始承認新企業的加入，百年一度的大轉換期終於來臨。在這個高度資訊化的時代，為了國民大眾，我們一定要讓日本的通信費用降低。人生只有一回，我賭上我的生命，一定會讓這項事業成功。」

董事長由我來擔任，總經理則由京瓷副社長森山信吾先生來擔任。我與森山先生，是在他還在通產省（譯註：通商產業省的簡稱，二〇〇一年改制為經濟商業省。日本行政機關之一，掌管經濟產業事務）擔任部門經理的時候，在一次鹿兒島出身者的聚會中相識的。之後，每次見到森山先生，我都受到他人格深深的吸引，於是我便邀請他說：「您辭去通產省的職務之後，要不要加入我的公司呢？」這就是我們合作的契機。後來，森山先生在資源能源廳長官任內退休時，他問我：「稻盛先生，您以前說過的話現在還算數嗎？」我回答他「當然」之後便迎接他進入京瓷。他身為第二電電社長，一手包辦了開始通信事業所需的一切重要對外交涉活動。

我們立志開啟電氣通信事業的新一頁，高舉著遠大的目標開始了新事業，不過社員卻只有二十個人。麻雀雖小，卻是充滿了挑戰精神，堂堂飛向這未知的世界。

但是，沒想到那年秋天，國鐵體系的日本TELECOM（譯註：成立於一九八四年，現為SOFTBANK TELECOM株式會社），以及日本道路公團．豐田體系的日本高速通信（譯註：成立於一九八四年，於一九九八年被國際電信電話株式會社吸收合併，改為KDD株式會社）都相繼表明要進軍通信事業。應該是因為看到京瓷率先，他們於是覺得「什麼嘛，如果他們可以的話，我們也可以」的吧。不過的確，在鐵道通信方面擁有長遠歷史的國鐵，可以在新幹線的側溝裡鋪設光纖；而高速通信也可以在高速公路的中央分離帶鋪設光纖。這兩家企業都處於有利的立場，認為第二電電完全不是他們的對手，也是必然的。

實際上，我們也的確沒有可以鋪設線路的路徑。無論如何為了確保線路的場所，我們首先去拜訪了國鐵的總裁。向他們請求：「請讓我們沿著鐵道鋪設通信線路。」結果，他一臉驚訝的回答：「我們為什麼要借你們地方鋪設線路？如果是我們子公司的話才會借用。」我們反論道：「國鐵的鐵路也是國家的建設，國民的財產，不以公眾利益為目的來讓大眾廣泛使用，這是不公平的。」結果還是被沒好氣地拒絕了。如果是美國的話，不讓民間公平的使用國家的公共設施，是會觸犯反托拉斯法（譯註：日本為獨占禁止法）的。國營企業似乎無法理解自由競爭裡「公平」的重要性，道路公團也一樣拒絕了我們。

社會上也是一樣，一開始力捧我們，說什麼「第二電電才是自由化的先兵」，後來強而有力的兩家企業參戰，我們馬上就被當作泡沫化企業的候補了。我自創業以來，一向都是開拓沒有人走過的道路。就算是泡沫，我也有創業者的志氣。面對逆境，我反而有如興奮激動的武士，渾身抖擻了起來。

將悔恨化為動力

一九八五年（昭和六十年）六月，第二電電（ＤＤＩ）的第一種電氣通信事業許可通過了。終於可以朝向在八六年秋天讓長途電話開業這個目標，正式前進了。

總而言之，一切要從鋪設通信線路開始。但是，在新幹線以及高速公路周邊鋪設線路這方面，卻都因為不能助長敵勢而遭到了拒絕。考量到工期以及經費，剩下的路只有在相距遙遠的山之間建設基地台來發送電波，也就是所謂的微波方式了。

但是這個方式依然需要面臨很大的障礙。日本的空域，有自衛隊、警察以及美軍等的無線路由，如網子一般的錯綜複雜。要在這些路由中間，找到新的路徑來設置路由，也需要資訊的提供，偏偏這都是軍事情報並沒有公開，所以想找也無法找出空的路徑。正當我萬念俱灰的時候，一個完全沒想到的地方，竟然對我們伸出了救援的手。透過報紙，電電公社的真藤恒總裁發表了談話，表示「願意提供沒有使用的路由」，聽說這其實是因為對真藤先生來說，如果ＤＤＩ這個競爭對手消失了，電電公社就有可能會分裂，不過孤軍奮鬥的我，就把這個消息當作是對我的聲援，我立刻前往拜訪真藤總裁，取得新的無線路由資訊。

接下來，終於要邁入建設基地台的階段了。一開始，我的計畫是將範圍集中在投資報酬率比較高的東京——名古屋——大阪之間，也就是東名阪路段，在中間建設八座基地台。在人員與資金都有限的情況下，在那一年，有九位員工進入京瓷之後，就立刻被外調到ＤＤＩ，我任命其中的四位，來進行中繼基地台的設置。平均一個人要負責兩座中繼基地台，但是這四位卻都是對業務完全不熟悉的新社員。在他們出發時，我雖然對他們說「沒完成不要回來」，但是這項工作的內容包含了從預定地的買賣交涉到設施的建設，到拋物面天線等無線裝置的設置，通通都要一手包辦。就算是對老鳥社員來說，也是相當辛苦的。

就算不考慮這一點，兩家同業都是在既有的場所，鋪設光纖即可的狀態，如果我們開業再延宕，與新電電（譯註：主要指因通信自由化而新加入通信業的三家企業：第二電電、日本TELECOM、以及日本高速通信）其他兩家企業的差距就會越來越大。因此，我鼓舞全部的社員：「我們應該要認為，能夠遇到這百年一次的大變革期，是我們莫大的幸運。好好利用這個機會，讓我們團結一致，燃起鬥志，朝向成功一齊邁進吧！」

在建設中繼基地台的預定地中，也有地方是像國見一樣，位於滋賀縣伊吹山的深山裡，連可以前往當地的道路都沒有。冬天時積雪超過五公尺，整整四個月都會因雪而封閉。因此工程只能在沒有下雪的季節裡進行。夏天還得一面忍受斑蚊叮咬，一面日夜不休地進行工程。鋼筋跟水泥必須由直昇機往返連續運送，較小的物資要用肩膀扛著，走在新開拓的山路上來搬運。全部的工作人員，將光纖線路的設置遭到拒絕的悔恨化為動力，鬥志如火球般的燃起。結果，本來被預設要花最少三年才能設置完成的線路，只花了兩年四個月就建設完成。

終於，利用完成的通信線路，於八六年十月開始了企業間專用的通信服務。但是，與擁有多數關係企業或是有合作夥伴的ＪＲ集團以及日本道路公團・豐田集團相比，ＤＤＩ在法人業務的推廣上處於絕對弱勢的立場，獲得的新契約數在新電電中也是最下位的。在這樣的情況下，比起企業專用服務，市場規模較大的市外電話，就成為勝負最大的關鍵了。

由於ＤＤＩ的業務繁忙，而我就任京瓷總經理也已二十年了，所以我退為董事長專任，由安城欽壽副總經理來升任京瓷總經理。八七年秋天，隨著市外電話服務的開始，我們也藉京瓷之力來加強業務部隊，將整個業務體制整頓完成。

一開始，撥打新電電的市外電話時，要先加上四位的企業識別號碼。這個識別號碼，是由新電電三社來抽籤決定，ＤＤＩ如願抽到了「0077」這個號碼。

開業當天，八七年九月四日凌晨十二點一到，我在東京的ＤＤＩ總公司按下了我們的 Lucky 7 識別碼，隨即傳入會場的，是之前就在京都待命的華歌爾總經理塚本幸一先生充滿朝氣的聲音。「恭喜你了，稻盛君！」在場全部的工作人員都歡聲鼓舞，甚至有的人還感動落淚。

終於進入市外電話服務開始的階段了。但是，我們沒有時間沉浸在感

1987年，市外電話服務正式開始（右二為稻盛）

動之中。與NTT以及新電電三社的激烈競爭還在等著我們。當時東京——大阪之間的電話費，NTT是三分鐘四百日圓，而包括DDI的新電電三社則同樣都是三百日圓。要使用到DDI的線路，必須先撥那四位數字的識別號碼，而這一點比想像中要來得麻煩。因此，我開發了會自動選擇低費率電信公司的DDI轉接器，從此不再需要先撥「0077」，這項便利的功能成了我們的武器，讓我們的線路獲得更多被使用的機會。

就在此時，意想不到的悲劇發生了。森山信吾總經理竟因為腦溢血而驟逝。年僅六十一歲的他，一向是我的左右手，也是我能倚靠的獨一無二的夥伴。他的過世，讓我無比惋惜。我擔任他的治喪委員會長，並在葬儀中宣讀弔辭。

「我在歐洲出差之時聽聞你病危的消息，立即趕回日本，沒想到卻再也無法聽到你的聲音。回想幾天前，你還健健康康地在為公司努力奮鬥，失去了這麼重要的人才，我的心情真可說是悔恨不已。

當我大膽地決意要進軍嶄新的資訊通信事業時，你從心底贊成並且鼓勵了我。得到盛田先生、牛尾先生、飯田先生的幫助，終於設立了第二電電時，眼前盡是與許多出資企業、監督單位之間的相互調整，以及各種困難無比的協調在等待著我。成功完成這些我最不擅長的對外交涉活動的，就是你，森山先生。我們共同負擔創業的勞苦，也時常互相傾訴分享。

不過，離開公家機關之後，從零開始創業，然後又能成功的人應該還是少數，所以我們一直鼓勵著對方，目前還在成功的路上，還需要繼續努力。我對你說，下一期應該總算可以拼出一些利益了，總算走到這一步了。你露出了滿意的笑容。這是才不久之前的事啊。我們好不容易奮鬥至此，此時，你卻突然離我而去。我真是無比的悲痛悔恨。由你奠定下基礎的第二電電，這項豐功偉業，必定會永留青史。」

為了安撫社員們的不安，我緊急兼任總經理。事到如今，這一切已經變成為森山先生復仇的戰役。危機感成為我們努力爭取市外電話契約線路的一大攻勢。於是，為增加契約線路，我立刻決定將ＤＤＩ轉接器的租借費用改為免費。一年之後，ＤＤＩ的契約線路，已達一百三十萬，是三社中的第一。

在三社激烈競爭之時，通信自由化的下一波浪潮，已經慢慢來臨。一九八六年八月，電波法修正，利用於汽車電話的移動體通信也轉為自由化。

我確信，將來「任何時候，任何地點，任何人」都可以使用的手機時代必定會來臨。因為，京瓷在美國矽谷發展的黎明時期，就有過開發半導體用陶瓷封裝的經驗。半導體積體電路也是汽車電話的中心零件之一，它的進步會有多麼快速，我本身是相當清楚的。當時，它的體積還相當的大，不放進汽車裡就很難攜帶，但是在不遠的將來，一定會不斷小型化，我預測可以放在手掌中的手機，未來一定會誕生的。

二十一世紀，小嬰兒出生，雙親在取名字的同時，就會接到電信公司「您的寶寶手機號碼是ＸＸＸＸＸ。」的通知。全國國民每人一台手機的時代，我確信一定會到來。

所以，當我得知移動體通信轉為自由化後，立刻在ＤＤＩ董事會中提議：「這個業界我們公司也來率先加入吧。」董事中，也有來自ＮＴＴ或是郵政省（譯註：一九四九年設置，二〇〇一年因中央省廳的改編而廢除。二〇〇七年日本郵政集團成立，日本郵政從此民營化）等等通信事業的專家。當時，不管是在美國或是在日本的ＮＴＴ，由於移動體通信事業也並不是完全地成功，所以反對的意見還是居多。所以除了我以及一位董事以外，所有的董事都表示反對。儘管如此，我依然對唯一一位支持我的人說：「既然誰都不支持，那我們就兩個人一起來奮鬥吧。」

當時，我腦中開始浮現的是「葡萄構想」。以長途電話線路為主軸，讓手機公司作為地區網路，像葡萄一般使其分布至全國。從長途電話到地區電話，都不依賴ＮＴＴ的電話線路，來形成一貫的通信網路。不只是ＤＤＩ，對新電電三社而言，沒有連結周邊區域的地區網路，在與ＮＴＴ對抗時，不管怎麼樣都是不利的。「葡萄構想」，是以手機來補足我們一直以來期望擁有的地區網路。我以這個構想為基礎，一面說服社內反對的聲音，一面做好進軍移動體通信事業的準備。

但是沒想到，才一開始就碰了壁。繼ＤＤＩ之後，日本高速通信也表明了進軍的意願。因為可使用的頻段有限制，在同一地區除了ＮＴＴ以外，只有一家企業可以經營。高速通信與ＤＤＩ都想經營首都圈這一塊大餅，所以合意無法達成。我提出意見主張既然如此，那就東日本與西日本公平分攤好了，但是高速通信表示中部地區也想要，所以無法取得平衡。

於是我又主張那就乾脆進行公平抽選，但是郵政省卻指責說事關國家政策，以抽選這種方式決定太過不謹慎。如果就這樣彼此不肯讓步，受害的只有國民。於是我決定由我來退步，將首都圈跟中部圈讓給對方。我們得到的是北海道、東北、近幾、北陸、中國及四國地區、九州、沖繩，市場範圍只有高速通信的二分之一。

我向董事會報告這項結果時，SONY的盛田先生跟優志旺（USHIO）電機的牛尾先生都失望地表示：「這樣簡直就是把日本饅頭中好吃的豆沙給人，自己只吃到皮而已吧。」對於他們的反應，我如此回答：「只要有皮吃，就不會餓死。俗語說輸就是贏。讓我們盡全力，把這塊皮變成黃金吧！」

利他之心

作為全球化戰略的一環，京瓷一直都有成為世界級的綜合電子零件製造商的構想。因為，隨著資訊通信產業越趨發展，確立能夠因應所有電子零件需求的體制，也成為不可或缺的要件。一九八九年（平成元年），經濟泡沫化進入最高峰時，這個構想一口氣轉為具體化。

首先，京瓷發表了收購美國的ＥＬＣＯ集團的消息。ＥＬＣＯ在美國、日本、德國、韓國都擁有生產據點，是世界級的電子機器用連接器製造商。美國連接器的技術，要比日本來得先進，ＥＬＣＯ的產品用途廣泛，有電腦、ＯＡ機器、通信機器等等，也獲得頗高的評價。

一個月之後，我在前往美國的飛機上巧遇ＳＯＮＹ的盛田昭夫董事長。之後我才知道，盛田先生前往美國的目的，是要收購哥倫比亞電影公司。而同樣的，我也是為了交涉美國具代表性的電子零件製造商ＡＶＸ公司加入京瓷集團的相關事務，而前往美國的。

ＡＶＸ公司在世界八個國家，擁有共十八個生產據點，是紐約證券交易所的上市企業。收購ＡＶＸ公司將其納入京瓷集團，可以更加強化京瓷身為國際綜合電子零件製造商的地位。

於是，我向過去即有來往的ＡＶＸ董事長巴特勒（Marshall D. Butler）先生，交涉收購的事宜。我表示：「我們的立場一致，都身為國際電子零件製造商，讓我們一同為世界的電子產業做出貢獻吧！」同時提出收購的要求。我認為收購或是合併，就像是企業之間結婚一樣，如果彼此之間沒有互相信賴，互為友好，是無法成功的。我秉持這個原則進行交涉。

AVX合併契約簽定時與巴特勒（Butler）董事長（左）合影

為顧及此原則，我們選擇的收購方法是經由交換彼此的股份來進行合併。與國外企業經由交換股份的方式所進行的合併，目前為止都因為國內商法的因素，不被認定也因此沒有前例。但是，京瓷的股票在紐約證券交易所也有上市，我以希望ＡＶＸ的股東也能成為京瓷的股東為由，努力不懈地與大藏省（譯註：一八八五年成立，二〇〇一年改編為財務省）交涉，最後終於實現了這個目標。

當時，我們雙方同意將在紐約證券交易所股價大約為二十美元左右的ＡＶＸ公司股份，評價為三十美元，再將其與京瓷股份（ＡＤＲ＝當時八十二美元）交換。但是，後來巴特勒（Butler）董事長卻又來跟我說，三十美元還是太便宜了，希望能調高到三十二美元。對此，同時也是京瓷董事的美國總公司總經理藍森（Rodney Lanthorne）先生，以及美國的顧問律師都表示反對。他們認為，一旦輕易接受了對方的要求，今後在交涉時，就會被對方毫無顧忌地提出要求。儘管如此，我還是考慮到巴特勒（Butler）董事長面對ＡＶＸ公司股東們時的立場，因此答應了他的要求。

實際上，到了正式進行交換的八九年十二月，股價全面軟化，京瓷的股價也跌了十美元降至七十二美元。見此，巴特勒（Butler）董事長再次與我連絡，表示：「京瓷的股價也變便宜了，所以能不能比照現狀，將交換股價改為七十二美元對三十二美元呢？」對於這個要求，我也終於感到無法忍受了。「如果是京瓷的業績轉壞，只有京瓷的股價下跌的話那我可以理解。但是事實並非如此，道瓊工業平均指數也下跌許多，交換比率應該沒有更改的必要。」

但是，巴特勒（Butler）董事長卻不願退讓。「雖然照道理說是這樣沒錯，但是我們也有相當多的股東，要我們接受以八十二美元去交換實際上已經下跌到將近七十美元的股票，怎麼說都辦不到。」想當然爾，藍森（Lanthorne）總經理這次也是大大反對。他認為：「市場整體都在下跌，我們的主張才有道理。」經過深思熟慮，我決定考慮巴特勒（Butler）董事長重視股東的心情，重複檢討以新比率去收購是否也合乎成本之後，判斷只要努力應該沒有問題，於是就再度吞下了不利於自己的條件。

另外，我向對方說明，合併後雙方只是同屬同一集團，共有經營哲學以及價值觀，但是ＡＶＸ的名字以及經營陣容都不會加以改變。聽了我提出的一連串方針之後，當初對於將來抱持著不安的ＡＶＸ員工們，態度也轉為贊成並且願意協助這項合併案。

ＡＶＸ公司在合併之後業績好轉，在泡沫經濟時期，多數日本企業收購美國企業的案例中，可說是最成功的例子。具體而言，營業額是收購前的四倍，利益為十二倍，六年後甚至成功再度於紐約證券交易所上市。當時我早已忘記，不過，這項成功的背後，是有其原因的。

一九七二年左右，我基於確信利用陶瓷積層技術，所製造的大容量陶瓷電容器的將來性，因此決定從在此領域中擁有先進地位的，美國 Aerovox Corporation 進行技術引進。當時所締結的授權契約內容是，京瓷在日本生產積層陶瓷電容器，並且在販賣於全世界的同時，也享有在日本國內獨占販賣的權利。

但是，兩年後，Aerovox 分裂為兩家公司，生產積層陶瓷電容器的則是ＡＶＸ。當時就任最高管理職位的巴特勒（Butler）董事長隨即來信表示：「關於我們無法在日本市場進行販賣的這一條項目，基於不公平之理由，希望可以將之去除。」由於日本的電子市場頗具有將來性，而面對「自己生產的積層陶瓷電容器在日本無法販賣」這樣的契約內容，巴特勒（Bulter）董事長應該是感到明顯的不利。但是，當時的契約是由京瓷以及 Aerovox 以正當手續簽定的，況且京瓷還負擔了包括獨占販賣權的授權費用，拒絕巴特勒（Butler）董事長的要求，在法律上是完全合理的。但是，我還是同意了獨占販賣權的取消。因為我可以理解巴特勒（Butler）董事長的立場，而且，雙方在市場上堂堂競爭，也並無不可。

巴特勒（Butler）董事長的確是對我提出如此的要求，但是他一定沒有想到我會這麼爽快地允諾他。所以，我一同意後，他即驚訝地表示：「我對於您公平競爭的態度相當感動。」

放棄對自己有利的條件，做出乍看之下會吃虧的決斷，但卻因為如此，京瓷與AVX之間，締築了肉眼看不到的信賴關係。就如同「好心有好報」這句話一樣，這段過去在十五年後，成了能夠在友好氛圍當中，成功合併的要素。

然而這一連串的判斷，完全不是出於算計。所謂合併，是指兩家文化不相同的企業合而為一，因此我認為，必須要為對方做最大的考慮。而合併後，京瓷的股價上升幅度越來越大，AVX的股東們也獲利良多。這樣的好消息傳遍整個AVX社內，也因此影響了員工的意識形態。結果，被合併的那一方員工本來該有的反感，或是不平不滿進而消失，良好關係由此醞釀而成。這些都是「利他之心」所帶來的，當初沒有預料到的成果。

當時屬於AVX那一方的現任董事長本篤・羅森（Benedict P. Rosen）先

生回想當時的情況，曾經對我如此表示：「對於與AVX的關係，您當時即表示是merger（合併）而不是acquisition（收購）。這兩個用詞，對於美國人來說，意義是完全不相同的。Acquisition指的是一方買下另一方，將另一方完全吞沒於自己的組織當中。而merger指的是兩個組織成為一體的意思。也就是說，merger有將對方當作夥伴之意，acquisition則對被買下的那一方來說，有卑屈的意味。實際上雖然是acquisition，但是您卻在行動上表現為merger。這對AVX來說，有非比尋常的意義。

您對AVX的股東以及員工們，都採取寬容的態度，重視我們所擁有的驕傲。所以股東與員工們都感到欣喜，這個M&A（企業的合併・收購）也才能夠順利地進行。」

第3章

哲學的活用

一九九〇年（平成二年）年底，日本經營者團體聯盟（日經聯）的鈴木永二會長（三菱化學前總經理）突然邀請我去吃飯。我才坐下，他就突然說：「稻盛先生，我拜讀了您的這本大作。」他拿出來的，竟然是《京瓷哲學手冊》這一本書。

這本書，是將「身為人，判斷事物時時需以是否正確為準則」、「重視公正、公平、誠意、正義、勇氣、愛情、謙虛之心」等等，我所重視的經營哲學整理成冊給員工們閱讀的。鈴木先生表示，自己有親戚是京瓷的員工，他向親戚借了這本書來看之後，產生了想跟我談談的念頭。

向細川總理提出最終答覆案的行革審成員（右一為稻盛）

「其實，我現在在擔任行革審（第三次臨時行政改革推進審議會）的會長，我讀了你這本書之後，想說希望你也可以加入行革審。」他對我的哲學表示同感，讓我感到十分惶恐。行革審的會長代理是東洋紡的宇野收董事長，他與我有深交，所以才推薦我的也說不定。我一直以來專注於公司事務，真正參與國家政策，這還是頭一次。

就這樣，從九一年二月開始，我擔任行革審中的「世界上的日本」

部會的會長，共一年半左右。擔任部會長代理的，是我的友人京大東南亞研究中心所長矢野暢先生，以及富士通會長山本卓真先生；擔任專門委員有政治評論家屋山太郎先生、出雲市岩國哲人市長、產經新聞論說委員長清原武彥先生、神戶製鋼所副總經理福川深次先生、前駐美大使松永信雄先生等二十七人。在部會當中，我們跳脫一向以來的被動式外交，針對積極參加國際秩序維護以及其運營的日本外交政策展開議論。

我意圖將討論集中於「在世界當中，日本應該如何自處」的理念。日本在外交上，被認為沒有具代表性的人物。日本國民到底重視什麼，想對世界主張什麼，貢獻什麼呢？日本必須成為一個以自由與民主主義為原理，在國際社會上受到信賴受到尊敬的存在才是。這是我的意見。但是，官僚出身的專家們大都認為「外交不能只靠理念」。委員們意見不斷，部會的運營無法照我所想的進行。不過，ODA大綱的策定，以及行政文書的統一規格由B

系列改為A系列，護照有效期限從五年延長為十年，優良駕駛的駕駛執照有效期限從三年延長到五年，六個月汽車點檢的廢除等等，這些因應國際化的政策，還是在某個程度上，實現了制度上的改正。

之後，我受委託擔任了「政府應扮演角色的再檢討」小組的任期一年的組長。我主要是想針對特殊法人應有的型態，從正面來切入，但是沒多久後，行政機關就開始抵制我們的調查。聽說是因為某位重量級的政治人物在背後運作的關係。三年多以來，我跟許多官僚在工作上有過合作的機會，對於一直以來，無法掌握地很清楚的日本行政體系，也有了初步的認識。其實每個官僚本身是很優秀的，但是自滿以及組織防衛也相當明顯，所以儘管大聲主張「小政府」、「民眾主導」，也都只是虛幻而已。

再者，行革審本身的定位也不明確。就算我們勞心勞力整理出許多的答覆案，然後得到閣議「表達最大的尊重」的決定，實際上不會被實現的建議還是居多。我們到底有多少權限，這一點到最後都還是曖昧不清。本來，行政改革是應該由擔負著立法機關重責大任的國會議員們，秉著良心與見識來斷然執行的吧。

我對官僚體系，著實感到驚訝。總而言之，就是不認錯。人類要有所進步，就必須不包庇自己的過錯，深切反省，但是官僚們並不認同這個常識。如果他們所建構出來的社會或是業界秩序完美無缺的話，就沒有必要改革了。但是現實上，時代不斷在改變，儘管在過去這些都是正確的，但是不得不檢討的時期，也已經來臨了。

日本的官僚們，似乎有著我們擔負著這個國家，除了我們之外，沒有人認真的為這個國家著想的自負。所以，以他們的角度來看，人民是不許插嘴官僚的所作所為的。這不只是中央集權。這是由官僚們實行的，以官僚為出發點，只為了官僚的行政。簡直就是「官主主義」。與歐美的民主主義完全不同，讓人覺得主權在民這個概念，不知道到底是跑到那裡去了。

不過，這強力的「官主主義」中央集權機構也總算有了制度疲勞的一天。他們不認同批判，只想要保持自己獨占地位的結果，就是喪失了自我變革機能，被不斷急速變化的現代社會拋棄在後。不需贅言，行政制度或是官僚機構是為了國民的幸福而存在的，是為了建設讓大眾更能安居樂業的國家而存在的。現在正是回到原點的時候。其實，與官僚們個別談話就可以發現，每一個人都認真且具有見識，我也從他們身上學到了很多東西。如果以個人的角度，而不是組織的角度來看官僚的話，就會發現這些人是最豐富的人才寶庫。優秀的官僚諸君呀，現在正是時候，我希望你們即刻奮起，來拯救這個面臨危機狀況的母國吧！

雖然我在行革審中，並無法充分針對日本的外交理念進行充分的論述，但是透過經營，我深感日美關係的重要性，並且一直都期望兩國能常保友好。目前日美貿易磨擦漸趨惡化，要改善這個現狀，必須自覺自己的缺點，並針對日美應有的姿態，誠實地來進行意見的交換。我與我的舊識，戰略國際問題研究所的大衛．阿布夏爾（David Manker Abshire）所長商量，於九六年十一月，設立了「日美二十一世紀委員會」。

美國方面的成員，是由前總統喬治．布希（老布希）來擔任名譽委員長，前貿易代表處代表威廉．布洛克三世（William E. Brock III）擔任委員長，前下議院議長湯瑪士．弗利（Thomas Stephen Foley）擔任副委員長，以及作家約翰．奈思比，戰略國際問題研究所所長大衛．阿布夏爾（David Manker Abshire）等十三人。日本方面成員則由前首相宮澤喜一先生擔任名譽委員長，作家堺屋太一先生擔任委員長，經濟評論家田中直毅先生擔任副委員長，以及日商岩井的顧問速水優先生，電通總研福川伸次社長，一橋大學中谷巖教授，富士全錄小林陽太郎會長，上智大學豬口邦子教授等十二人。

在這些成員當中，有的人在委員任期中，也有的人是在卸任之後馬上就任了政府要職。例如弗利（Foley）就任為美國駐日大使，宮澤前首相就任為大藏省大臣，堺屋先生就任為經濟企劃廳長官，速水先生就任為日銀總裁。這些成就傑出的日美成員，以「對彼此而言，如何能夠成為更有魅力的國家」為基本主題，進行了約兩年的意見交換。我則是主張不忘為對方著想，抱持需要讓步之處就慷慨讓步的寬容。

委員會針對經濟問題、安全保障、能源、環境問題等等，進行了廣泛的討論。並且，大家都一致同意，教育改革應為最優先課題。日美兩國都認識到一項嚴厲的事實，那就是對於二十一世紀許多難題，我們並沒有善盡賦予下一代挑戰之能力的義務。這是一個深刻的課題，我們要留給我們的子子孫孫一個什麼樣的日本？現在正是好好思考的時候。

「日美二十一世紀委員會」於九八年五月，在京都發表「日美二十一世紀宣言」之後終止了活動。在宣言中，我們提倡了新時代的資本主義，應追求完全的自由競爭以及徹底的市場開放，並排除官僚主義以及規制等等。另一方面，也有提及對於地球環境的維護以及新人間教育的理念等等，一致認為「生活在自由社會的人們，在行動上應顧及社會正義以及對鄰人友愛」。

我希望這一切，都能化為為對方著想之心與慈悲之心，進而締結兩國之間的橋樑。

成為真正的京都人

一九九四年（平成六年）年底，我接到當時擔任京都商工會議所會頭的華歌爾董事長塚本幸一先生的連絡，前往拜訪他。他對我說：「京都的建都一千兩百年事業活動也已經順利結束，我想將會頭之職交棒給你。」

當時，我雖然擔任副會頭，但會議幾乎沒有出席。因為我認為財經界活動都是一些自我表現慾望強烈的人在參加的，與我無關，我也以此為由，拒絕了塚本董事長。塚本董事長說：「會頭人選關係著京都經濟界的好壞，不是想當的人來當就可以的。你就只重視自己的公司，就那麼討厭為地方社會來奉獻嗎？」

我聽了這些話，忍不住怒斥「真沒禮貌」而大聲反駁。我一向都認為，為社會奉獻是身為人最重要的一件事。要談社會奉獻的話，我甚至設立了稻盛財團，這方面的實績，我自信比塚本董事長要豐富。

「我的人生觀，就是為社會奉獻。」

「你根本沒有這種想法吧。擔任會頭，就是對社會奉獻啊。」

「才不是。你是想當才當的吧？」

「你以為是這樣嗎？我可是犧牲自己來做社會奉獻的。」

我對於財經界的活動，一向沒有興趣，所以一直以為塚本董事長是想當會頭才當的。到了今天才知道，原來他是犧牲自己的公司，甚至是自己的時間來付出的。塚本董事長對我說：「京瓷能夠有今天的成就，有形無形地都有受到京都人們的照顧。你也差不多該出來報恩了吧。」因此，我下定決心就任會頭。我與塚本董事長以前就是深交，在知道他的人格之後，就與他更加要好了。後來一有機會我們就會相約吃飯，針對許多事情互相商量分享。

九五年一月，我就任會頭。到二〇〇一年二月中途卸任為止，總共擔任了六年。我同時也兼任日本商工會議所（日商）的副會頭，工作量不遜於正業。實際上，京都當時既有的問題，可說是堆積如山。

京都的經濟，西陣或代表室町時代和服產業佔了相當大的比重。隨著生活習慣的變化，大家穿和服的機會日趨減少，和服產業的營業額也大幅下滑，因此京都商工會議所向全國的產地提倡舉辦「和服高峰會」。相關人士從各地集合，針對要如何將和服傳給後世，以及如何活化和服業界等，進行討論。

京都有許多神社寺廟等等，具歷史性的觀光資源可說是非常豐富。大概也是因為如此，所以就認為觀光客隨時都會來，顯露出傲慢的一面。例如，街道上有許多地方不乾淨，有的地方還看得到被丟棄的垃圾。所以，我首先

京都市與京都佛教會歷史性的和解（中央為稻盛）

策劃了將髒亂的街道清掃乾淨的「清掃門戶運動」，我身先士卒從河原町通，打掃到四条通，五条通邊界附近。我的辛苦有了回報，得到了多數市民的理解，進而促使了之後京都市美化條例的實行。

除了傳統產業之外，京都也是華歌爾、堀場製作所、歐姆龍（OMURON）、最近的話還有日本電產等等創業企業的聖地。同時，任天堂、羅姆（ROHM）、村田製作所等高收益企業也為數不少。為什麼他們能夠成功呢？因為領導者有優秀的思考模式。聆聽本地優秀經營者的經驗，接受刺激，就能踏出京都產業再生的第一步，所以我舉辦了「經營講座領導者研討會」，每次都有超過千人以上的經營者特地來聆聽。

另外，京都佛教會與京都市，長期處於對立關係。我對於這兩者之間的和解，也盡了一份心力。問題的開端在於一九八二年，京都市政府發表了針對寺院參拜費用進行課稅的古都稅構想，對此，佛教會便以停止開放參拜來對抗。

結果，古都稅雖然廢止了，但是雙方的冷漠關係卻因此持續了十七年。我剛好因為擔任會頭，而與市長有交流的機會，又因為一九九七年我本人剃度的關係，認識了許多佛教會的人士，所以我就站出來，自願當雙方的仲裁。一九九九年五月，京都市長　本賴兼以及京都佛教會有馬賴底理事長，還有我三人一同簽署了共同聲明，表示「三者結為一體，為京都的觀光振興以及街道景觀維護而努力」懸宕多年的問題獲得解決，每一個人都著實感到高興。

在任期間，我對於政府的政策，也時常感到忍無可忍。雖然只不過是地方經濟團體的一個負責人，依然不時地以建言或是意見書等形式，多次提出聲明。其中之一，就是九五年提出的緊急建言，標題為「針對近來日圓急速升值產業界應採取的對策」。

「以往在面對日圓升值時，日本企業為確保自己的市場，都會採取將出口價格的漲幅抑制到最小，努力進行合理化。此方式避免了貿易黑字的巨額減少，卻造成了日圓更加的升值。

由此可見，為縮小貿易黑字，使日圓匯率回到正常水準，各出口企業應將這次日圓升值的部分，直接轉嫁到出口價格上。具體來說，這次的日圓從一日圓對一百美元升值到一日圓對九十美元，漲幅約一〇%，所以出口價格也應該調升一〇%。如此一來，日本製品的價格競爭力就會減弱，貿易黑字減少，進而得以抑制日圓升值的傾向。」我對各經濟團體的首腦提出建言，提倡經濟界不應該只是要求政府因應，也應該要有犧牲自己的覺悟才是。

還有一項，是發自於我的創業精神，忍無可忍而提出的建言。一年後的一九九六年，大藏省與執政黨稅制調查會，開始推動稅制的修改，欲使發泡酒與啤酒的課稅相同。新產品的開發，需要相當大的投資以及企業努力，這是無庸置疑的，這項稅制的修正，無異是要讓這些投資與努力都化為零，我覺得從社會正義來看，也是一個大問題。

「第一，這項修正案抑制了創業家精神。所謂發泡酒，是啤酒公司兼顧啤酒的美味以及親民的價格提供的新商品，經由不懈怠的技術開發以及市場開拓，才成功地商品化。增稅案的實施，會使發泡酒的商品價值消失殆盡。

啤酒公司信賴現行法律，以其為基準傾注企業努力而進行的開發，因此都會成為泡影。增稅，就是對於理所當然應獲得讚賞的創業家精神，表示完全的否定。

第二，我們不能扼殺創業企業的幼苗。在現今經濟低成長的環境下，創業企業的培育被大力提倡，培育有活力的產業，成為各地的課題。不只是大企業，應該也有一些地方上的釀造公司，計畫生產價格較便宜的發泡酒來販賣。我們不能扼殺這些充滿創業精神，意圖進軍發泡酒市場的人的先機。

第三，立法應為國民所能接受。這次的增稅，是根據高階官僚的想法所提案的，並不是基於民意。被強迫負擔的是製造商跟消費者，法律是社會生活的規範，讓一部分的人一意孤行且任意地去改變，就是違反了社會正義。」

我將此意見書，向大藏大臣、通產大臣、國會的相關委員會等提出。

再者，一九九七年「地球溫暖化防止京都會議」在京都舉辦，並於會中通過了「京都議定書」。因此，我與地方行政・相關團體一同提出了「地球環境京都宣言」。

「生活在現代的我們，是否因為過度追求物質的豐富以及便利，而忘記了自然的尊貴呢？就是現在，我們必須重新回想先人們與自然共生的智慧，檢討我們每個人的生活，以及社會應有的形式。我們的母親地球孕育了無數尊貴的生命，將她好好地交給下一代，就是我們的責任與義務。以京都會議為契機，我們期許全世界能夠為了守護地球環境而互相協調並展開行動，並且決意首先要在這塊土地上，齊心協力，發起保護環境的行動。為此，我們要鼓起勇氣從根本檢討我們的生活方式，立足於新時代的價值觀，在社會上的生產、流通、消費、廢棄各方面，一致採取重視環境的行動。」議定書名稱中的「京都」兩字，讓我們深刻感受使命之重大，因此提出此宣言。

擔任會頭六年來，我有幸與京都經濟界、市民等，許許多多的各界人士相識，並且與各位一同議論了京都的未來。長年以來，我雖然都是居住在京都，但是經過這六年，我才感到，我終於成為了真正的京都人。

跨越國境

企業是仰賴客戶、股東、交易業者等眾多人們，以及各個地域、國家、國際社會等多方面的支援才支撐起來的，因此我認為，企業如果能以各種形式貢獻社會，應能構築更美好的社會。為了回饋地域，京瓷在創業第四年即以公司名義發起了歲末互助募款等活動，積極貢獻於社會。

隨著公司的成長，活動的規模也更加龐大。這純粹是起於我的經營哲學，想要回饋於社會、回饋於人。為了人類、為了社會，這是非常有意義的事，而我主要是在需要資金援助的社會事業上盡一份心力，大多是學術領域、文化領域以及地域社會等等。

與梅原猛先生（左）攝於良渚遺址（林義勝先生攝影）

學術方面，是以委託的方式贊助自然科學、歷史等項目。我自一九九〇年以來，即擔任美國華盛頓卡內基協會的理事一職。卡內基協會成立於一九〇二年，是美國著名的企業家安德魯・卡內基創設的非營利組織。此協會在生物學、天文學、地球科學等領域上，極力推動世界最高水準的學術研究及高等教育。該協會的馬可辛・辛格會長（譯註：Maxine F・Singer，華盛頓卡內基協會會長，國家癌症研究所名譽科學家）在理事會時提出議案：「智利的安地斯山脈在海拔二千三百公尺處，有個拉斯坎帕納斯天文台（Las Campanas Observatory），我們想要在那設置直徑六・五公尺的反射式望遠鏡，希望各位能共襄盛舉。」這是一項重要的企劃案，對於宇宙的起源或許能發展出一套新理論，因此，我個人以及京瓷、ＤＤＩ都捐款贊助。望遠鏡在二〇〇〇年底設置完成，並開始觀測。

如果說這是充滿理想的企劃，那麼解開中國長江文明之謎也是如此。京都的國際日本文化研究中心所長梅原猛先生曾經來找我，問我是否能出資贊助日中合作的長江文明學術調查活動。梅原所長表示，據說長江流域比黃河流域還要早一千五百年，就有因稻作農業發展出來的高度城邦文明。若是正式展開調查，極有可能改寫人類的文明史。不過，在中國經濟成長的影響下，文物古蹟面臨毀損的危機，因此希望趁現在由日本出資，進行學術調查。而我也願為兩國友好盡一己之力，當下立刻答應。

九五年春，梅原先生邀我一同前往浙江省杭州市近郊的良渚遺址群。從上海搭火車及汽車，車程約四個小時，附近則是廣植梨樹、桃樹的丘陵地帶。當時適逢粉紅桃花、雪白梨花盛開的季節，美得猶如置身仙境。我對考古學完全外行，但是這趟遺址之旅，讓我見識到了以翡翠為原料製作而成的出土玉器。在玉器上，我們發現了現代仍難以達到的高度工藝技術。

我投注一生的心力鑽研陶瓷技術，一路走來，深深感受到它無限的可能。我也認為，能夠取代產業革命以來的鋼鐵文明的，就是陶瓷。因此我十分肯定，二十一世紀將是「新．新石器時代」。

然而，這個五千三百年前的玉器，其製作水準之高，卻是最新尖端科技也望塵莫及的。其中究竟蘊藏了何種程度的文明？如果能解開這些玉器的工藝技術之謎，對於進一步開發陶瓷技術一定有極大助益。我以技術人員的身分，用放大鏡仔細觀察玉器，腦海中不斷思索著古代技術之謎。此後，遺址的挖掘調查工作順利進行著，除了發掘出使用世上最古老的煅燒紅磚建造而成的王宮之外，也相繼發現了足以改寫考古學歷史的成果。

接著，九七年六月，我在京都的京瓷本社面晤了國立民族學博物館（民博）的梅棹忠夫顧問。他是為了英國議會的文書資料而來。「我們打算購買英國議會的龐大資料，但是沒有經費預算。當我和民博的後援會長佐治敬三先生（三得利集團董事長）商量此事，他建議我來找稻盛先生您。盼您能祝一臂之力。」我一聽之下驚訝不已，那是十九世紀初至二十世紀後半的大英帝國議會文件，足足有一萬三千冊，共計八百萬頁。據說馬克斯在彙整《資本論》時也參考了這些文獻。透過這些資料可以鉅細靡遺地瞭解英國如何網羅、運用世界上的情報資訊，這也是得知近代世界的成立與變遷的第一手資料。

例如與日本相關的部分，光是從幕末到明治時期的資料，便有六千頁之多，如梅棹先生所言：「這是極為寶貴的文獻，世界上僅有數套而已。」時至今日，日本必須與各國和睦相處，而這份呈現十九世紀以來大英帝國盛衰以及世界歷史的資料，其重要性更是不容小覷。有感於此，我決定出資贊助。現在這份文獻存放於大阪千里萬博公園的民族學博物館裡，以「京瓷文庫」的名義公開展示。

此外，在文化事業方面，一九八五年時，同樣將總公司設在京都的華歌爾創辦人塚本幸一先生，前來問我是否能夠贊助畫展。這並不是普通的展覽，而是計畫向歐洲、美國介紹現代日本畫中最具代表性畫家的作品。當時貿易磨擦正是敏感問題，再加上經濟因素，換言之，這也算是一種文化上的磨擦，正因為國與國之間對彼此的文化不甚理解，才會產生衝突。此次的展覽企劃便是基於這項認知衍生出來的。而我每赴海外，對此更是感同身受，因此欣然協助。這項展覽囊括平山郁夫先生、東山魁夷先生等在內共計四十八件作品，於巴黎、倫敦、波士頓等歐美七個城市展出，吸引了十一萬人蒞臨觀賞。

我也參與了電影的製作。我在京都有機會觀賞龍村仁導演的電影作品——《地球交響曲（GAIA SYMPHONY）》。這部電影對地球的未來極富啟示意味，內容則是以短篇形式描寫一群出色的人們。電影讚頌了他們美好的生活方式，這群跳脫現代的常識窠臼，擁有獨到人生觀、宇宙觀的人們，深深感動了我。

與導演詳談之後，才了解由於觀眾不太捧場，即使想拍續集也難以如願。通常獨立製作的電影，資金上都不甚寬裕。因此，龍村導演拜託我務必鼎力相助。這部作品是為了向一味追求物質文明的人類訴說心靈世界、精神世界的重要，對社會極富教育意義。因此我贊助了第二部（一九九五年）及

第三部（一九九七年）的製作。我自己也與導演討論了好幾次，目標是製作一部能見度更高的電影。電影後來在全國各地自行上映，儘管幾乎沒有宣傳，也累積了百萬人次的觀眾前來上映會觀看。

至於自己居住的京都，我也在八〇年時協助冷泉家成立財團法人。冷泉家是平安鎌倉時代的歌人——藤原俊成、藤原定家的後世子孫，素有「和歌之家」美名。某天，我看了新聞報導，得知冷泉家有意將代代相傳的貴重文物當做國民共有財產予以保存，真是感激至極。我立刻撥了電話，表明出資贊助之意。目前包含四件國寶在內，共有數萬部典籍、古文書，皆由該財團妥善典藏。

京都有間專為海外留學生設置的「國際學生之家」，最近我也協助他們的改建工程。這是在一九六五年時，由一群海外的善心人士所創設，因年久失修，正討論是否關閉。在大力鼓吹全球化之下，竟然連現有的國際宿舍都無法維持，這是何等諷刺。於是我出面呼籲募款，來自企業界的資金也相繼聚集，讓這間宿舍得以延續。若是能讓海外的留學生們開心，於願足矣。

體育方面，我贊助了在地的足球隊——京都不死鳥（譯註：Kyoto Purple Sanga F.C.。前身是「京都紫光俱樂部」，是日本現存球隊中歷史最悠久的。二〇〇七年將隊名中的「purple」省略，英文名為「Kyoto Sanga F.C.」）。在J.LEAGUE（譯註：日本甲組職業足球聯賽）尚未成立之前，日本球隊中歷史最悠久的「京都紫光俱樂部」老闆對我說：「再過幾年，日本也會誕生足球的職業聯盟。稻盛先生，您願不願意協助呢？」當時我對足球一竅不通，從沒想過對棒球如此狂熱的日本，日後會像南美、歐洲一樣風靡足球。然而，九三年時 J.LEAGUE 開幕，頓時讓我見識到爆發的人氣。這時，紫光俱樂部的老闆再次拜託我：「過去我都是用自己的私房錢勉強維持營運，但是我已經沒辦法撐下去了。希望能借重稻盛先生的力量，為京都培養一支足以打進J1（譯註：甲組聯賽）的隊伍！」

於此同時，京都市民高喊「京都也要有職業足球隊」的聲浪不斷，甚至組成了市民大會，號召了二十五萬人連署，並將連署書送交給我。過了不久，J LEAGUE和京都足球協會、體育協會等也前來請求贊助。事情發展至此，想躲也躲不掉了。一般人對於京都風土民情的印象，總覺得跟運動沾不上邊，萬萬沒想到，市民們竟會如此興奮期待。「關西的大阪、神戶有阪神和歐力士野牛（Orix Buffaloes）、近鐵，以及好幾支職業棒球隊，可是京都什麼都沒有。年輕人要是沒有抒發熱情的對象，會愈來愈消沉的。」就是這番話打動了我。

現在想想，以前塚本先生也曾經說過：「我乾脆把阪神買下來吧！吉田總教練（當時）也是京都出身的。如果有類似阪神老虎那樣的球團，京都一定會更加活絡的。」儘管不可能買下阪神，不過因為這些緣故，我成了京都不死鳥的主要贊助者。這是與任天堂等其他在地企業共同出資，十八億日圓的資金當中，京瓷便負擔了其中的五五％，即十億日圓。雖說是體育比賽，但既然是職業球隊，就不能讓它虧損。想是這樣想，可是球隊成績低迷的話，觀眾也不會捧場。花了大把經費，收益卻毫無起色。

我很喜歡看體育賽事，幾乎不曾錯過京都不死鳥的主場比賽。總是帶著緊張興奮的心情到場觀看每一場比賽，熱情地替他們加油。贏了，雀躍不已；輸了，則無限惋惜。暫且不談該如何經營一家公司，不過足球是怎麼也無法如自己所願。在二〇〇〇年的球季，球隊成績依舊萎靡不振，只得從J1降格至J2（譯註：乙組聯賽）。到了二〇〇一年的球季，球隊重新整頓，以年輕好手為主力，以全力以赴完成賽事為目標。我自己也常常前往練習場看球員們練習，並直接和年輕球員們交談，厲聲激勵他們。J2的賽程相當嚴苛，比賽比J1還要多，但是選手們不負眾望，贏得J2的優勝，短短一年之內便如願回到J1。從支持比賽的熱情以及慶功宴的盛況來看，都讓我切身感受到在地贊助者和市民們的歡喜。期盼京都不死鳥今後也能活躍於J1，繼續帶給京都市民們夢想與感動。同時也希望在地的贊助者能多來球場捧場，給年輕的選手們最熱情的支持。

另一方面，我接到來自故鄉鹿兒島的請求，一九九一年畢業的鹿兒島大學工學部同學會希望我能出資興建紀念會館。為了慶祝工學部成立五十週年，因此希望同是校友的我能夠捐款贊助。一開始我曾想拒絕，因為一個人的負擔實在太沉重。但是和父母、家人商量後，他們極力勸我出資：「這是照顧你甚多的母校啊！」因此，我答應了請求。

剛好當時我有緣結識建築家安藤忠雄先生，便請他幫忙設計。安藤先生想了一個獨特的設計，即是在建築物中置入一個蛋形物體，於是，九四年時紀念會館正式落成。「小宇宙中蘊含著創造的生命，我以此為概念，希望年輕人展翅飛向世界」。但願後輩們能夠誠心收下安藤先生和我的這份期許。打造紀念會館讓父母非常開心，因此從母親姬美（日文原名キミ）和父親市的名字中各取一字，將會館命名為「KIMI&KESA（日文為キミ&ケサ）Memorial Hall」。

九九年時，我為鹿兒島工業大學工學部提供基金，開設了「京瓷經營學講座」，以培養創業者為目的，傳授京瓷的經營哲學和經營管理技巧。對於鹿兒島大學的請託，我認為企業支援學問領域以及教育場域，是相當重要的一種社會貢獻，因此決定捐助基金。如果這門講座能在日本眾多經營學講座中脫穎而出，獨樹一格，便是回報了母校的栽培之恩。我自己也常執起教鞭，對學生們講授經營哲學和經營訣竅。期待這門講座能夠培育出眾多擁有優秀經營哲學的創業家，展開出色的事業，為活絡地域經濟帶來莫大貢獻。

企業經營在追求利益之餘，也應恪守做人的道理。只要是企業，便需要利潤。儘管如此，以不正當的手段欺騙他人、蔑視他人，這類企業是無法永續經營的。住友家有句家訓：「君子愛財，取之有道。」（譯註：此為住友財團第二代總理事伊庭貞剛的座右銘）對此，我認為企業應該採取光明正大的態度，我稱之為「取財有道」。同樣的，在利益的運用上，由於世間仍存在著做人的基本道理，因此不可用於私利私欲，而是要用於社會大眾，也就是「散財亦有道」。

企業家從獲得的利潤中支付稅金，並且貢獻於社會。更甚者，將剩下的一部分利潤回饋於社會，我覺得這是相當了不起的行為。我相信，企業如果能秉著純粹之心，衡量自己的能力做出有意義的貢獻，全體社會將更加豐裕富足。

盛和塾

一九八〇年，我在京都青年會議所的青年經營塾發表演說。在會後的聚餐上，年輕的經營者們懇切地問我：「請您教我們如何經營，到底該怎麼做才能成功？」當時我以時間有限為由婉拒了，但是他們仍一再拜託，最後我心想，或許能對年輕的經營者有所幫助，便答應了要求。

之後，以「盛友塾」之名開啟了以我為中心的學習會。由於我也有本業，因此都是挪出晚上的空檔，一邊喝酒一邊交流。事實上，學習會初始，年輕的經營者們都非常熱心。他們提出了經營方面的各種疑問，當我一一解答時，他們也猶如海綿吸水般吸收進去。

一開始我是拒絕傳授經營訣竅的。因為我認為，領導者的哲學與理念會大大影響企業的經營。因此，我才想要將領導者應有的「經營哲學」傳授給年輕經營者。我深信領導者的器量愈是寬廣，公司自然能夠鴻圖大展。

我開課的消息最後傳到了大阪的經營者們耳裡，他們也希望能有同樣的機會。於是，我在大阪開了新的學習會，並趁此機會將名字改為「盛和塾」。其涵意是追求企業隆「盛」與人德「和」合，同時也包含了我名字中的二個字。隨後在神戶、東京也陸續增設了新的學習會，從各地前來報名參加學習會的經營者絡繹不絕。

在這嚴苛的社會裡，一個人生存已屬不易。因此，守護五名、十名員工及其家人的中小企業經營者，在我眼中何其偉大。身為經營領導者，不論公司規模大小，都是一肩扛起經營的責任，不能在自己的部屬面前輕易示弱，其立場是相當孤獨的。能讓同樣處境的經營者同志們抒發苦惱的，就是盛和

塾生們在聯誼會上也不斷發問（前排左四為稻盛）

塾。因為完全沒有利害關係，所以他們也能向我傾訴煩惱。不管事情能不能立刻解決，由於彼此間推心置腹，已是無比的鼓勵了。

我所出席的塾長例會上，除了講課以外，塾生們會發表自己所面臨的問題，我在評論之餘，還會加上經營方面的釋疑解答，此外，塾生們也會分享經營上的相關體驗。在會後例行的聯誼會上，大家仍是促膝討論著。進行經營問答之際，也不時出現這樣的提問。「我們是經營基礎薄弱的微型企業（譯註：micro-enterprises。日本把製造業中二十人以下，商業服務業中五人以下的企業定義為微型企業，又稱零細企業），因為過度競爭導致產品價格下跌，我們也做好心理準備往海外發展，能不能請您給我們建議，這段時期應該注意什麼？」、「我們經營的是家族企業，可是家族之間意見不合，始終無法好好溝通，請問該怎麼辦才好？」、「我是公司第二代繼承人，不過對上一代總經理或資方代理人有所顧忌，所以無法進行公司內部的改革。請問我應該怎麼做？」、「我的公司是俗稱的３Ｋ產業（譯註：即辛苦〔Kitsui〕、骯髒〔Kitanai〕、危險〔Kiken〕）。請問我該怎麼做，才能讓員工對自己的工作自豪呢？」每一道問題是如此深刻沈重，我也是絞盡腦汁，盡心回覆。除了塾長例會之外，塾生們也會自行聚會，或是自行召開例會商談彼此的問題。志同道合者聚集之處，便成了互相鑽研精進的道場。

當盛和塾在各地誕生後，頓時有了向全國發展的想法，於是在一九九一年時成立了全國性的組織。當時的宗旨如下：「經營之要訣，在於領導者心之所向。經營者若領悟經營之神髓，改變自己的心，經營必定順利。請全國的經營者們加入我們，共同提昇自己的人德，以企業穩定興盛為己任。」

隨後，塾生們提議齊聚一堂互相交流，便在一九九二年召開了第一回盛和塾全國大會，這是來自全國各地的盛和塾生們一年一次的學習會。二〇〇〇年夏天，一千一百多名塾生於大阪國際會議場舉辦了第八回全國大會，當時有位塾生發表了體驗談。

「我從小非常嚮往海外，因此遠渡巴西成立了一間木材行。可是因為通貨膨脹和勞資糾紛等問題，讓我的美夢破碎，陷入絕望深淵。就在此時，一篇介紹盛和塾的日本雜誌報導吸引了我。文中提到：『為人行事正當者，宇宙必有所回應。』我心想，這就是我想要找的人，於是立刻寫了一封信，拜託他們也能來巴西開塾。沒想到稻盛塾長欣然應允，讓盛和塾得以在巴西開塾。其後，稻盛塾長也專程前來巴西好幾次，在此由衷感謝。我將塾長明示的『提升心靈，擴展經營』奉為圭臬，每天將它實踐於亞馬遜的製材廠，工廠營運也總算上了軌道。」

對我而言，聽到塾生們成長為獨當一面的經營者，便是莫大喜悅。

如今盛和塾在台灣、巴西等地設有四所海外據點，國內則有五十一所。至於塾生人數，包含六十一家上市、公開上櫃企業在內的中小企業經營者，共計三千二百人。甚至在中國，諸如東北師範大學以及天津企業管理培訓中心等，由於得悉盛和塾的動向，因而掀起一股風潮來研究我的經營哲學。

我最初開辦學習會完全是義務性質，做夢也沒想到會發展至此。今後只要時間允許，我都想與各位分享人生及經營理念。

ＫＤＤＩ誕生

一九八六年，隨著行動通訊自由化，如前所述，與ＩＤＯ（譯註：日本移動通信株式會社。成立於一九八七年，二〇〇〇年與國際電信電話（ＫＤＤ）、第二電電（ＤＤＩ）合併成ＫＤＤＩ）在事業上的地域劃分告一段落之後，ＤＤＩ隨即在首都圈及中部圈以外的地區展開行動電話服務。儘管業務上已準備就緒，仍必須想辦法讓ＤＤＩ在其他地區的事業也能成功。為此，我認為有必要在地區間推展密集的業務，因此希望電力公司等當地的有力企業也能參與，便在關西、九州、中國、東北、北陸、北海道、四國、沖繩等地，依序成立了八間行動電話（CELLULAR，日文為セルラ一）公司。

行動電話公司剛成立時，日本採用的是NTT的行動通訊方式，而此時北美早已採用美國摩托羅拉公司開發的TACS（Total Access Communications System，完全存取通訊系統）系統。想和NTT競爭，卻把焦點放在對方的技術上，一開始就會處於不利的條件。NTT的行動電話服務相當昂貴，通話費之外，申請費用為七萬多日圓，光是保證金就要十萬日圓。為了讓通話費便宜一些，我們決定採用價格、品質上都經過世界市場考驗的TACS通訊方式。

一九八七年六月，第一間行動電話公司「關西行動電話」（關西セルラー）在關西電力的森井清二總經理、大阪瓦斯的大西正文總經理、三得利的佐治敬三總經理、華歌爾的塚本幸一董事長等多位關西經濟界人士協助下成立。我也昭告天下一定要「旗開得勝」，關西電力出身的青戶元也總經理亦不負眾望，在他的領導之下，公司上下一心共同奮鬥。

關西行動電話在一九八九年七月正式營運。不需要保證金，申請費用為四萬七千三百日圓，通話費與ＮＴＴ相比約便宜三〇％。由於這項費用設定，使得業務剛開始的三個月內，契約數便突破一萬支。如手掌般大小的行動電話「Micro TAC」大獲好評，引起風潮。隨著各地的手機電話公司陸續開業，契約數頓時暴增。一九九五年，日本的行動電話全體契約數已超過了一千萬支，八間行動電話公司於同年間的契約數即達到了一百九十五萬支，相較之下，擁有首都圈、中部圈市場的日本移動通信（ＩＤＯ）則停留在一百三十萬支。八間行動電話公司打破了眾人的預測，在契約數量上始終大幅領先ＩＤＯ。除此之外，市場佔有率方面，也出現了業績超越ＮＴＴ的行動電話公司，首戰旋即告捷。

但是到最後，原有的類比方式不敷使用，無法再容納激增的行動電話新用戶。為了有效利用分配區域間的電波頻率頻寬，推廣行動電話數位化已迫在眉睫。一九九四年，行動電話公司開啟了數位行動電話的業務。於此同時，行動電話各公司採用了NTT所開發的PDC（譯註：Personal Digital Cellular，NTT獨家開發的2G系統，採用TDMA傳輸技術，與GSM不相容）數位通訊方式，由於必須仰賴NTT的技術，因此在販售新產品以及推動新業務上總是屈居NTT之下。於是，一九九八年與IDO攜手展開新業務，採用美國、韓國等國所使用的「cdmaOne」數位通訊方式。cdmaOne不僅通話音質優異，資料傳輸速度之快也遠遠超過PDC。以此技術為基礎，手機電話公司推出了GPS導航與動畫傳送等次世代通訊服務，甚至也開始能以高速傳輸資料的「CDMA2000 1x」服務。

不過，在沖繩開設獨立行動電話公司的只有京瓷集團的DDI。當時在中山素平先生（日本興業銀行特別顧問）居中牽線下，本土的年輕經營者為了振興沖繩的經濟界，特別成立了沖繩座談會，我也應會員的推薦，參與了座談會。平日我即在盤算該如何幫助沖繩的經濟，因此座談會上，我提議在沖繩成立行動電話公司，沖繩經濟界隨即請我務必相助。一九九一年時，唯一一間將總公司設於沖繩的「ＯＲＡＧＡ行動電話公司」於焉誕生。由於當地人們踴躍支持，即便是現在，市場佔有率仍維持領先ＮＴＴ。

行動電話事業進展的同時，郵政省在一九八九年（平成元年）成立了「次世代行動電話系統相關調查研究會」，開始研究ＰＨＳ（Personal Handy-phone System）。與行動電話相比，ＰＨＳ的優點在於節省設備成本，以及大幅降低通話費。考量到一人一機的個人通訊時代即將來臨，能以低廉費用提供高品質通訊服務的ＰＨＳ，未來在年輕人及老年人的消費市場上，極有可能蘊藏龐大商機。基於此種想法，ＤＤＩ也決定趁早加入市場，在九五年七月開始了商務服務。三分鐘四十日圓的通話費，比一般行動電話便宜了三分之一到六分之一，低廉的費用深受好評，因此開業僅一個月，申請加入「DDI行動電話集團」的人數即超過十萬件，非常暢銷。隨後用戶層急遽成長，到了一九九七年，PHS三家公司合計已突破七百萬支。

當初因為PHS能大幅降低通話費，所以我才投入這項事業，但實際上並非如此。開業之後，仍必須支付日本電信電話公社（NTT）龐大的接續費用，同時還得負擔NTT的設備改造費。照這樣下去，即使申請人數達到過去最盛時期的業績，也無法穩定經營，甚至連PHS事業都不能繼續在日本生存。就負擔龐大費用一事，我數度要求NTT和郵政省檢討改正，然而他們卻充耳不聞。儘管如此，我依舊不屈不撓，一再和他們交涉，經過數年，終於同意採取適當的費用減輕措施。可是當初過於龐大的負擔已留下了後遺症，這也成了PHS事業萎靡不振的罪魁禍首。到後來，與行動電話的競爭愈演愈烈，再加上申請人數下滑，環境持續嚴苛，但一路走來，總算在業績上見到些許好轉的跡象。

前述內容不免有些顛三倒四，不過，ＤＤＩ在創業第五年，即八九年三月期的決算中，營收為四百零六億日圓，經常利潤為四十四億日圓，終於讓業績在單一年度呈現黑字。其後，始終維持增收增益，截至一九九三年三月期，營收達到二千三百零七億日圓，經常利潤則為二百四十億日圓。同年九月，ＤＤＩ獲准於東京證券交易所第二部上市。創業僅僅九年，ＤＤＩ拔得頭籌，搶在新電電（譯註：一九八五年通訊自由化，對舊式第一種電氣通信業者的總稱）三家公司之前上市。當時的公募價格為三百七十萬日圓，最後，初值（譯註：某家公司股票在證券交易所初次上市時的價格）甚至達到五百五十萬日圓，足足超出了一百八十萬日圓。ＤＤＩ誕生於長途通話的基礎建設尚未完備、困難重重的環境下，竟能發展至此。九五年時，更從東證第二部獲升至第一部。在日本，除了既得權益者之外，面對嶄新的挑戰時，只要秉持純粹之心努力不懈，一樣能夠成功。我想，ＤＤＩ的挑戰，應能帶給有志於創投事業的年輕人些許鼓勵吧。

此後ＤＤＩ的營運順利成長，但是在衛星通訊領域上嘗到了意想不到的苦果。九一年五月，美國摩托羅拉公司的羅伯特．蓋爾文（Robert W. Galvin）董事長前來造訪京瓷本社，希望我能協助「銥星（Iridium）計畫」。其構想相當宏偉，預計發射七十七顆（後改為六十六顆）通訊衛星，打造一個全球各地都能即時通訊的行動電話網絡。為此，摩托羅拉公司在世界各地尋求出資者，由於預定投資金額高達五千億日圓以上，始終難以找到支持者。

京瓷在多年以前即提供電子零件給摩托羅拉，因此我與蓋爾文董事長是舊識，後來透過ＳＯＮＹ的盛田昭夫董事長，兩人變得更加熟絡。如先前所述，ＤＤＩ剛開始行動電話事業之時，引進了摩托羅拉公司的ＴＡＣＳ系統，當時便時常與蓋爾文董事長見面。因為這些緣故，蓋爾文董事長特地前來情商我出資。剛開始聽到企劃內容時，我對它的可行性表示懷疑。但後來想想，如果行動電話兩端的人能夠透過衛星彼此通話，應當也能有效運用在通訊基礎建設尚不完備的發展中國家。發展衛星通訊絕非只為了先進國家，也是有助於發展中國家人們的事業，基於這份考量，我答應出資。

九三年四月，以第二電電（DDI）、京瓷為主要核心，加上索尼（SONY）、西科姆（SECOM）、優仕旺（USHIO）電機等公司，出資成立了日本銥星公司（Nippon Iridium Co., NIC）。另外也在歐洲和中東、印度、俄羅斯等國相繼成立公司據點。九八年十一月，終於展開了業務。衛星通訊開始被應用在缺乏通訊設備的山岳地帶、沙漠、離島等地，以及過去無法使用行動電話的船舶、小型飛機上。可是在最重要的國際商務市場上卻乏人問津，開業才九個月，這份事業即宣告失敗。美國的銥星公司因為顧客人

KDDI 成立記者會（右為稻盛）

數無法達到借款的條件，因而陷入僵局。銥星計畫主要的失敗原因在於市場戰略定位錯誤，不應該將目標放在先進國家，而不是發展中國家。不過，究其背後因素，是沒有預料到行動電話的普及如此快速，導致通訊服務價格滑落。儘管如此，銥星所留下來的六十六顆通訊衛星由新公司接手，以衛星行動電話再次活躍於全球。雖然損失甚鉅，但是它實現了我們的衛星通訊夢想，期待它能有效運用在全球通訊基礎建設上。

在二十世紀即將告終的二〇〇〇年十月一日，國內第二大，同時也是名列全球十名以內的綜合電氣通訊公司──KDDI誕生了。

自明治以來一百多年間，國內通訊始終由國營事業獨攬。然而在中曾根首相的領導下，於一九八二年的土光臨調（第二次臨時行政調查會）面對議員的質詢時，他表示應設置適當的競爭模式，消除獨占的弊病，同時也應當合理限制國營事業的規模，基於此，提出了電電公社（NTT，即日本電信電話公社）的分割及民營化。

我相信能夠在長途通訊部門與分割後的日本電電公社（NTT）一較長短，因此在一九八四年時創立了DDI。可是NTT遲遲未分家切割，DDI只得與依舊龐大的NTT展開苦戰，這是始料未及的。即使如此，為了以更優惠的價格提供國民更優良的服務，我們始終秉持做好事的信念，持續經營下去。

這樣經營的結果，舉例來說，東京到大阪間的通話費用能從三分鐘四百日圓一路降到八十日圓。至於行動電話方面，儘管競爭持續激烈，不過使用費仍能大幅下滑。雖然經營不易，但我覺得有助於國民的生活。

九九年七月，ＮＴＴ分割成四家公司，展開新的經營形態，但是與當初的方針全然不同。留下來的ＮＴＴ成了純粹的持股公司，只是在形式上分割成東日本、西日本以及長途部門而已。甚至還把過去獨立經營的ＮＴＴ DOCOMO納入旗下，藉此擁有了國際通訊部門。結果ＮＴＴ的經營比以前更加一體化，背離了土光臨調的方針，變得更加強大。

市場經濟乃是建立於自由且公平競爭的基礎上，這是毋庸置疑的。也因此，才需要制定獨占禁止法，用以分離分割ＮＴＴ自二十年前起即獨占的龐大事業。可是最後竟然沒有實現。排名世界第二的經濟大國通訊市場，實際上卻由一家公司所支配，沒有所謂的公平競爭，我想國際間應該也不能容許此事。這樣下去，日本的情報通訊產業絕對無法健全發展。懷著強烈的危機意識，我認為想要與ＮＴＴ抗衡，唯有聯合ＮＴＴ的對抗勢力，團結一致。

首先，行動電話方面，由於必須和ＮＴＴ ＤＯＣＯＭＯ對打，因此需要與主力在首都圈及中部圈的ＩＤＯ合併。為了在國際部門、長途部門與NTT Com競爭，則應該與ＫＤＤ合作。基於這樣的想法，我與ＤＤＩ的奧山雄材社長展開了行動。

我們會晤了ＫＤＤ、ＩＤＯ的最大股東ＴＯＹＯＴＡ汽車的奧田碩董事長，以及張富士夫總經理等人。另外也面會了ＫＤＤ的中村泰三董事長及西本正總經理。我向他們懇求：「為了讓日本的通訊情報產業得以健全發展，我無論如何都要建立一股足以和ＮＴＴ抗衡的勢力。為此，唯有『捨小異而求大同』。此時不正應該超越企業一己的利害得失，只為成就大義嗎？除此之外，在瞬息萬變的通訊產業裡，做決定必須明快果決。希望各位能就此決定讓ＤＤＩ這家公司生存下去，我也會負起經營的責任。」由於諸位都是高瞻遠矚之士，不久即達成共識，ＫＤＤＩ於焉誕生。三間企業文化迥異的公司終於合而為一，期盼能發揮各自的長處，茁壯成長為二十一世紀日本通訊情報基礎的支柱。

在眾人見證下，二〇〇一年六月，合併後的ＫＤＤＩ首次召開了股東大會，我退出了名譽董事總經理一職，轉任最高顧問。我相信，以小野寺正新總經理為首的年輕經營團隊，一定會將ＫＤＤＩ培育成足以對抗ＮＴＴ的公司。

另一方面，一九九八年八月，位於京都市伏見區，由黑川紀章先生所設計的京瓷本社新大樓落成了。地面二十層，高達九十五公尺，是京都最高的高層大樓。基於景觀的考量，選擇座落在京都市南部的高度密集地區。為打造出體貼人心的環保建築，在南側壁面與屋頂上皆安裝了自家公司出產的太

京瓷本社新大樓

陽能電池板，數量約一千九百枚。其發電量超過二百千瓦，以一棟高層建築的太陽能發電系統而言是世界最大的。一樓是美術館，二樓附設精密陶瓷館，都是對外開放的。

同樣在九八年的夏天，影印機廠商三田工業突然來請求我幫忙。據說是最後一任總經理三田順啟先生想到了我，因而下定決心找我拯救公司。他認為，一家企業的經營哲學若是奉行「經營在於提升心靈」，一定能夠讓員工們獲得幸福。三田先生為員工著想的純粹之心打動了我，於是答應支援。舊三田工業的員工為了回報京瓷的援助，始終努力地想要重建公司，新生的「京瓷美達」業績亦蒸蒸日上。最後比預定時間還要早七年，在二〇〇二年即結束了更生計畫，得以和一般企業一樣自由營運。

京瓷美達的總經理是由京瓷影印機事業負責人關浩二先生出任，這位關總經理在二〇〇一年底所舉辦的京瓷集團國際經營會議餐會上，在眾人面前熱淚盈眶的發表了以下致詞。

「我現在擔任京瓷美達的總經理，深覺是命運的安排。我是來自二十二年前由稻盛名譽董事長一手拯救的 Cybernet 工業。當時 Cybernet 工業是間即將倒閉的公司，身為中間幹部的我，正擔心著明天的生活。而稻盛名譽董事長於此時出手襄助，當時的喜悅和感激之情，我這輩子永遠都忘不了。然而，這次換我以京瓷幹部的身分，前來拯救三田工業。京瓷美達的員工，也和當年的我一樣，由衷感謝京瓷的援助，為了重建公司努力不懈，業績因此不斷成長。今後我也將懷著感恩的心情，和員工們一起竭盡全力努力工作。」

有句話說「好心必有好報」，聽了這番話，我更覺得是如此。二十二年前，儘管 Cybernet 工業與京瓷的事業毫無關連，我仍一心想要幫助他們而進行了救濟合併。時至今日，當年那間公司的幹部以自身經驗，和員工一起努力重建京瓷美達。二十多年前的一時惻隱，如今回報給我。所謂「善的循環」，就是如此吧。這次餐會上有許多來自海外的幹部員工，大家也似乎感同身受。我擁有這些能夠認同我的經營理念並予以實踐的經營幹部，除了深感驕傲之外，同時也覺得有了他們之後，京瓷集團未來的發展無後顧之憂了。

二〇〇一年四月，京瓷在伊藤謙介董事長、西口泰夫總經理帶領下，迎接了成立四十二週年紀念。創業初始，我們只是一間以「原町第一、西京第一、到世界第一」為目標，規模甚小的小鎮工廠，曾幾何時，已成長為合併營收超過一兆日圓，世界各地擁有四萬名員工的跨國企業。單是合計京瓷與ＫＤＤＩ的營收，兩家企業集團的規模便超過了四兆日圓。我覺得這也是我和全體員工始終奉行「追求正確的為人之道」經營哲學，上下一心努力不懈的成果。對於努力工作至今的員工及其家人，還有於公於私支持我們的所有相關人士，謹在此由衷致上感謝之意。

家人的支持

一九九七年（平成九年）九月七日，我在京都八幡的圓福寺剃度出家，得賜法號「大和」。導師為臨濟宗妙心寺派圓福寺的西片擔雪師父。

我以前見過一位瑜伽聖者，由於他的一番話，讓我認為自己的人生大約八十年左右。也就是出生後的二十年，是踏入社會的準備期；接下來的四十年是為了社會，也為了磨練自我的工作期；最後的二十年則是面對死亡（靈魂之旅）的準備期。原本預定過了耳順之年便要著手準備這段時期，但無奈事務繁忙，始終未能如願。

到了六十五歲，心想不能再延宕下去了，與導師商量的結果，他說：

「那也無妨，你就剃度出家吧。不過之後還是要回到社會上，為社會貢獻就是你的成佛之道。」

於是我決定在九七年六月的股東大會上，退出京瓷與第二電電（ＤＤＩ）的名譽董事長一職，剃度出家。碰巧在此時發生了件意想不到的事。每年一月，我和妻子都會接受定期的健康檢查，但這一年剛好妻子感冒，因此沒有去做健檢。就在剃度之前，我去做了拖延已久的健檢，發現胃部有異狀。再經過精密檢查之後，得知是胃癌。如果我一月接受了健檢，當時可能會因為初期癌的緣故而無法發現到吧？幸好是晚一點才做健檢。當初我為了剃度後能夠繼續修行，特意把行程空下來，這下也能利用這段期間住院了。

開刀的這一天正好是我預定剃度的日子，我切除了三分之二個胃。手術依照預定時間順利結束了，但手術過後，我暫時不能進食，只能靠打點滴。

後來恢復得差不多了，便開始喝米湯，哪知才喝下去就腹痛如絞，冷汗直流。由於太過難受，隔天早上即連絡醫生立刻安排檢查，結果發現是米湯從縫合的胃部和小腸之間的縫線漏了出來。醫生說，因為我只喝了一點米湯就馬上疼痛，要是喝了很多才發作，恐怕會併發腹膜炎，後果不堪設想。

最後我只能靜待縫合處自行癒合，又回到了住院打點滴的日子。儘管住院期間比想像中長，到了夏天總算恢復元氣，可以出院了。

因為突發狀況，使得我無法按照原定計畫剃度，但我不想一再拖延下去。本來就計畫在六十歲剃度，因為工作的關係延到六十五歲。要是再延下去，不知哪一天才可行。儘管大病初癒，但是我的心念一天比一天強烈，說什麼也要盡快剃度，領受釋迦佛陀的教誨。到了殘暑正熾的九月七日，在家人、親戚見證之下，我終於如願在圓福寺舉行了剃度儀式。

剃度之後，我等體力回復了，便在寺廟體驗「大接心」（譯註：「接心」為日本佛教用語。又作接心會、攝心會。謂於一定之期間，不斷坐禪、攝心，令心不散亂）的修行。在初冬的寒冷清晨，三點起床，晚上十一點就寢，食物只有一湯一菜，清粥加上醃蘿蔔而已，但我因為切除了胃，仍是吃不完。這段期間我體驗了醒時半疊（楊楊米），睡時一疊（楊楊米）的坐禪三昧。儘管期間甚短，不過對剛動過手術的我來說，是極為辛苦的修行。我也在這段期間去托缽，遇見了讓我永生難忘的一件事。

托缽即是以行腳僧的打扮，穿著青色棉衣，頭戴竹編斗笠，赤腳穿著草鞋，挨家挨戶到每個信徒家裡化緣。要在門口手持四弘誓願文的經書，請信徒將佈施的米裝進肩上背著的「頭陀袋」（譯注：行腳僧的背囊）裡。由於不習慣托缽，久而久之，從草鞋前端露出來的腳趾與柏油路面磨擦而滲血，只好把重心放在腳跟來走路，這下子換小腿疼痛了。傍晚時分，當我肩上掛著沈甸甸的頭陀袋，拖著疲憊的步伐走著時，在路旁清掃落葉的老婦人

托缽中的稻盛

走近了我，對我說：「很辛苦吧？這個拿去買麵包吃吧！」說著悄悄給了我一百日圓的硬幣。接到那枚硬幣時，不知為何，我充滿了難以言喻的幸福，淚水幾乎奪眶而出。那位婦人看起來生活並不是那麼寬裕，卻仍然佈施給我，她這顆美麗善良的心，如此澄淨而純粹，是我的人生中從未感受到的。這份流貫全身的幸福感，正是來自神佛的愛與感動。

在這世上，有人的生存目標在

於累積財富、獲得地位與名聲，而我則是始終奉行著「為世人奉獻，乃是為人最高德行」。只要心存善念，實踐善行，便會招來善果。反之作惡多端，則會招來惡果。為了實踐善行，必須捨去利己之心，磨練心志，讓自己的心靈變得更美好。當我直截了當地說出這番話時，一般人往往會一臉不可置信，覺得很難為情。對此我已司空見慣。

然而，人是不可能一直行善的。即使一時臣服於誘惑，日後若能夠每天反省並且努力累積善行，釋迦佛陀一樣會發起慈悲心加以拯救。經過這次修行，我對此深信不疑。

剃度之後隔年一九九八年二月，就在盛和塾全國大會召開前十日，我正在京都商工會議所工作。中午和員工在會議所地下室的餐廳吃了天婦羅烏龍麵後，明明已經切除了胃，卻覺得胃部隱隱作痛。晚上回家躺臥休息時，劇痛頓時襲來。我喊著受不了，立刻搭計程車趕往醫院。

檢查的結果是腸阻塞，必須立刻住院。醫生為我插管想要取出堵在腸子中的異物時，始終無法順利取出。到了第五天，只得切開上回胃癌開刀的部位，把腸子拿出來另行處理。據說切除胃的人消化能力會變弱，因此容易被長長的烏龍麵條堵住腸子。那天中午吃的烏龍麵，就是「犯人」。由於這次的騷動住院了一個月，連盛和塾的大會也無法去了。胃癌手術之後，我沒有好好修養就去寺廟修行，之後又一如往常沈浸在工作堆裡，過著和胃部尚未切除時無異的生活，就是這樣遭到報應了吧。

這件事過後一年，當我前往巴西和巴拉圭出差時，腸阻塞再度發作。當時我預定參加巴西和巴拉圭行動電話合作公司的董事會，以及出席巴西新成立的「盛和塾巴拉那（Paraná）」的開塾典禮。途中我們投宿於毗鄰著名伊瓜蘇瀑布的一間飯店，就在當晚，我的腹部突然一陣劇痛，動彈不得。似乎是被晚餐吃下去的麵條堵住了。我馬上住進了當地的醫院，醫生說我情況危急，一再勸我立刻開刀。但是在這間看起來設備不甚齊全的地方醫院，我怎麼也不想在這裡動手術，一直堅持著：「回日本再動手術！」次日，因為我的疼痛稍微減輕了，便移往聖保羅，由日裔醫師照顧了一整晚，終於獲准回到日本。

我向醫生拿了止痛藥，抱著必死的決心踏上日本的歸途。從聖保羅到洛杉磯轉機，再飛到關西機場，行程約三十小時。之後從機場一路飛奔到京都的醫院。幸運的是這回不用開刀就能解決。因為這次的突發事件，我被禁止吃麵。儘管如此，我仍是喜歡吃麵，偶爾會忍不住想解饞。只是一想到痛到打滾的慘痛回憶，便無法大快朵頤一吞而下，只能索然無味的一根一根細嚼慢嚥。

在這之後，我仍和往常一樣忙碌，始終無法抽出時間休養。除此之外，我也想好好鑽研佛教與哲學，終究不能如願。不過我總算恢復健康，體重也回復到手術前的水準。如今我直接處理的事務減少了，但是京瓷和第二電電（ＫＤＤＩ）各個集團，仍在嚴苛的經濟環境中繼續奮鬥著。這些全都多虧了兩大集團目前的經營團隊與員工們拼命努力，對於他們的堅持，在此深表感謝。至於盛和塾和京都賞等義務活動，也持續綻放耀眼的成果，謹在此向所有相關人士致上由衷謝忱。從今而後，我也會一步一腳印地持續「為世人奉獻」的活動。

我能有今天，全多虧了家人的支持。妻子從我們相識至今，從來沒有半句怨言。在京瓷草創之際，我都無法讓妻子吃好的、穿好的，她也從來不會抱怨。即使後來我總是很晚才回家，她一定會等我回來才入睡。我也不是到現在才想要贖罪，不過我曾經問妻子：「要不要帶你去搭豪華郵輪？」她的回答則在預料之中：「沒那個必要。」

我和妻子之間有三個寶貝女兒。只要孩子們醒來，不管我多晚回到家，一定會詳細說給女兒們聽：「爸爸今天在工作上遇到了這些事哦！」女兒們也相當瞭解我的工作。

但是也有這樣的情況。當公司規模愈來愈大，女兒們也長大了，說：「一起吃晚飯的時候，因為平常見不到面，所以我們話說個不停，可是爸爸總是心不在焉的。大概又是在想工作上的事吧，因此我們也不再說什麼了。」我原本想在回家時一享天倫之樂，但實際上似乎力不從心。身為經營者，要負責照顧員工們的生活，這是無可奈何的事。正因為妻子和女兒們如此善體人意，我才能無後顧之憂，全心全意地工作。

儘管我沒有善盡父親的責任，然而三個女兒都能出類拔萃地成長，各自覓得歸宿，在與我的工作毫不相干的領域上走出自己的人生。現在的我偶爾和女兒們聊天，和孫兒們玩耍，或是和妻子一起去旅行，人生至福，莫過於此。我感謝這一切。

回顧自己過往的人生，不論是我個人也好，公司和國家也好，我覺得各自有其命運。不僅是我個人的命運而已，還有與自己息息相關的公司和國家等等，這些無數的命運波紋互相重疊，也因此決定了自己的命運。不過，此所謂的命運，絕非一成不變的。它會因各人的思想和行動，而使人生變化多端。佛教稱之為因果報應的法則，若是心存善念並付諸行動，就會形成「原因」（譯註：佛教中的正因），讓事物朝著良好的方向發展。

當命運面臨困境，有時做了再多好事，也不一定會立刻得到善果。但是，從長達數十年的時間軸來看，善必定有善報。此外，不論何等幸福，春風得意，千萬不可忘了常保謙遜之心。一旦變得傲慢無禮，便是自招敗亡的原因。

在波瀾起伏的人生中，不論遭逢何等苦難與困境，不要怨恨、不要哀歎、不要墮落，要以樂觀積極的態度面對人生，並且腳踏實地認真努力。不管面臨怎樣的命運，若是能以感謝之心積極迎向每一天，必定會開創康莊大道。如今年屆古稀的我，對此無限感觸。

年譜

西曆（年齡）	稻盛和夫	社會時事
一九三二（零歲）	・出生於鹿兒島市藥師町。	五・一五事件。
一九三八（六歲）	・鹿兒島市立西田小學入學。	國家總動員法成立。
一九四四（十二歲）	・鹿兒島第一中等學校落榜，轉而就讀尋常高等小學校。	萊伊特海灣戰役（Battle of Leyte Gulf）。集體疏散學童。
一九四五（十三歲）	・罹患肺結核（肺浸潤），於療養期間閱讀《生命的實相》。 ・在級任導師土井老師建議下，報考私立鹿兒島中學校升學就讀。	日本無條件投降，結束第二次世界大戰。
一九四八（十六歲）	・鹿兒島市高等學校第三部升學。 ・為幫助家計，開始推銷販售紙袋。	東京審判最終判決的結果，東條英機、廣田弘毅等七名戰犯處以死刑。
一九五一（十九歲）	・大阪大學醫學部藥學系落榜，轉而就讀鹿兒島大學工學部應用化學系。	於舊金山和平會議中簽署和平條約。

一九五四（二十二歲）	・經濟不景氣導致就業困難，經竹下教授引薦，內定就職於松風工業。	於比基尼環礁進行氫爆實驗。
一九五五（二十三歲）	・鹿兒島大學畢業後，就業於京都的礙子製造公司——松風工業。 ・著手研究特殊陶瓷（new ceramics）。	正式進入家庭電器化時代，電視機、洗衣機等深入各家庭。
一九五八（二十六歲）	・在技術開發方針上與上司起衝突，辭職離開松風工業。 ・在青山政次部長及其友人西枝一江、交川有等人幫助下，決定成立新公司 ・與須永朝子結婚。	電視機收視契約台數突破數百萬台。
一九五九（二十七歲）	・創立京都陶瓷株式會社。	皇太子（明仁親王）大婚。
一九六一（二十九歲）	・一群高中畢業的職員集體提出談判，經由此事確立經營理念。	池田首相發表國民所得倍增計畫的演說。
一九六二（三十歲）	・第一次海外出差赴美。	古巴危機。
一九六三（三十一歲）	・新建滋賀蒲生工廠。	美國甘迺迪總統遭暗殺。

一九六六（三十四歲）	・接到ＩＢＭ的ＩＣ基板大筆訂單。 ・就任京都陶瓷總經理。	由於經濟不景氣，發行第一回赤字國債（譯註：特別國債）。
一九六八（三十六歲）	・成功開發有助於出口的特殊陶瓷，獲得第一屆中小企業研究中心獎。	蘇聯入侵捷克。
一九六九（三十七歲）	・新建鹿兒島川內工廠，生產用於ＩＣ的陶瓷多層封裝。 ・在美國成立現地法人ＫＩＩ。	阿波羅11號登陸月球表面。
一九七一（三十九歲）	・京都陶瓷在大阪證券交易所第二部以及京都證券交易所上市。	美國發表美元防衛政策（尼克森衝擊）。
一九七二（四十歲）	・因開發陶瓷多層封裝，獲得大河內紀念生產特獎。 ・新建鹿兒島國分工廠。	美國將沖繩歸還日本。
一九七三（四十一歲）	・公司全體職員至香港旅行。 ・陶瓷製切割工具以「セラチップ」為商標開始販售。	第一次石油危機。

一九七四（四十二歲）	・升入東京證券交易所第一部、大阪證券交易所第一部。 ・石油危機後造成經濟不景氣，向工會提出凍結一年內的薪資調整。	日本國民生產毛額於戰後初次呈現負成長。
一九七五（四十三歲）	・成功開發出祖母綠寶石（Emerald）的再結晶寶石商品。 ・為開發太陽能電池，設立「Japan Solar Energy」部門。	越戰結束。
一九七六（四十四歲）	・發行美國存託憑證（ADR）。	洛克希德事件爆發（譯註：美國洛克希德公司賄賂日本政界，藉以疏通丸紅、全日空等航空公司購買 L-1011 TriStar 客機，為日本戰後四大醜聞事件之一）。
一九七七（四十五歲）	・完成對蘇聯出口成套設備。	制定漁業水域兩百海浬暫定措施法。

一九七八（四十六歲）	・以「バイオセラム」為商標開始販售陶瓷製人工牙根。	簽署日中和平友好條約。
一九七九（四十七歲）	・決定援助 TRIDENT、Cybernet 工業。	美中建交。
一九八一（四十九歲）	・發展特殊陶瓷（new ceramics）貢獻卓越，獲得「伴紀念獎」榮譽獎。	美國「哥倫比亞號」太空梭升空。
一九八二（五十歲）	・與 Cybernet 工業、CRESCENT VERT 等四家公司合併，更名為「京瓷株式會社」（KYOCERA Corporation）。	東北新幹線通車。
一九八三（五十一歲）	・為京都的年輕經營者成立學習會，名為「盛友塾」（盛和塾的前身）。 ・併購雅西卡（YASHICA）。	第二次臨時行政調查會（土光臨調）最終答辯。
一九八四（五十二歲）	・出資成立稻盛財團，擔任理事長。 ・因開發用於大規模積體電路的積層陶瓷電容器技術，榮獲紫綬勳章。 ・創立日本第二電電企劃株式會社，擔任董事長。	美國洛杉磯奧運。

一九八五（五十三歲）	·因人工髖關節等違反藥事法，遭致社會譴責。（譯註：原述似有誤，應為膝關節） ·第二電電企劃以第二電電（DDI）投入營運，獲得從事第一類電氣通信事業的許可。 ·兼任京瓷董事長一職。 ·舉行第一屆「京都賞」（kyoto Prize）頒獎典禮。	電電公社（譯註：日本電信電話公社）民營化，改為日本電信電話株式會社（NTT）。
一九八六（五十四歲）	·專任京瓷總經理一職。 ·DDI開始東京、名古屋、大阪之間的專用線路服務。	蘇聯車諾比核電廠發生爐心熔毀事故。
一九八七（五十五歲）	·成立關西行動電話（Cellular）株式會社。 ·開始提供DDI的公眾長途電話服務。	國鐵分割民營化，轉由JR各家公司經營。
一九八九（五十七歲）	·收購ELCO。	中國天安門事件。

一九九〇（五十八歲）	・合併ＡＶＸ。 ・藉大阪開塾之機，將「盛友塾」更名為「盛和塾」。	東西德統一。
一九九一（五十九歲）	・擔任第三次行革審（譯注：臨時行政改革推進審議會）「世界中的日本」部會長。	中東爆發波斯灣戰爭。
一九九三（六十一歲）	・ＤＤＩ於東京證券交易所第二部上市。	歐洲聯盟條約（馬斯垂克條約）正式生效。
一九九五（六十三歲）	・擔任京都商工會議所會長。 ・開始推行ＰＨＳ服務。 ・ＡＶＸ於紐約證券交易所重新掛牌上市。 ・ＤＤＩ升入東京證券交易所第一部。	世界貿易組織（ＷＴＯ）正式運作。
一九九七（六十五歲）	・卸任京瓷及ＤＤＩ董事長一職，轉任名譽董事長。 ・接受胃癌手術。 ・於臨濟宗妙心寺派圓福寺出家（法號「大和」）。	香港回歸中國。

一九九九（六十七歲）	・居中斡旋京都市與京都佛教會的和解。	歐洲單一貨幣「歐元」誕生。
二〇〇〇（六十八歲）	・援助三田工業，以「京瓷美達」重新出發。 ・第二電電（DDI）、國際電信電話（KDD）、日本移動通信（IDO）合併成立第二電電（KDDI），擔任名譽董事長。	南北韓首腦初次會談。
二〇〇一（六十九歲）	・卸任京都商工會議所會長一職，轉任名譽會長。 ・擔任KDDI最高顧問。	美國發生多起恐怖攻擊事件。
二〇〇二（七十歲）	・成立「Abshire-Inamori Leadership Academy（簡稱：AILA）」。	日朝首腦會談，五名遭綁架者回國。
二〇〇三（七十一歲）	・獲頒安德魯・卡內基博愛獎。	美英聯軍攻擊伊拉克，推翻海珊政權。

二〇〇四（七十二歲）	・獲中日友好協會贈與「中日友好使者」稱號。 ・開設兒童福利設施「京都大和之家」育幼院。	派遣自衛隊赴伊拉克。

譯註

二〇一〇（七十八歲）	・擔任日本航空株式會社董事長兼CEO。 ・經日本首相鳩山由紀夫任命為內閣特別顧問。	

解說

因夢想、抱負、憤慨而創業

堺屋太一

開始與稻盛和夫先生熟識，是在一九八八年的歐洲旅行。

那年十月，尊稻盛和夫先生為師，專為年輕經營者開設的學習會「盛和塾」中，有位 Temporary Center（現在的保聖那〔PASONA〕，為人力派遣公司）公司的社長南部靖之先生，他計畫在德國、法國的現地法人舉辦演講會，特地邀請稻盛先生、中江要介先生（前任駐中國大使）以及我擔任講師。我們每個人都是夫妻結伴同行，在個性爽朗的南部先生及其豐沛人脈盛情款待下，玩得十分盡興。

當時京瓷已是跨國大企業，稻盛先生創立的第二電電（現在的ＫＤＤＩ）業績也急遽成長。而稻盛先生身為日本具代表性的創業社長，自然是富甲一方。不論是杜賽道夫（譯注：Düsseldorf，位於德國中西部，萊茵河沿岸的商業都市）或巴黎，都有大批京瓷集團的派駐人員恭候大駕。

不過稻盛賢伉儷以「這次非公事」為由，一切自理，竟然跟一般觀光客一樣搭乘市內的觀光巴士，並且在普通餐廳裡用餐。甚至稻盛先生還親自到海關，替買來的伴手禮辦理退稅。

當下我深深感到：「他果真是名不虛傳，言行一致啊！」

現代的日本領導者有兩種類型，一種是從一流大學畢業後進入大企業工作，在人事升遷上平步青雲的人們。也就是踏上「順遂人生」的成功人士。

另一種是憑藉努力、才華與運氣克服困境，最後締造意想不到的豐厚成果。這些人可以說是波瀾起伏人生中的勝利者。

稻盛和夫先生便是後者在戰後時期的代表人物，是繼松下幸之助先生與本田宗一郎先生之後的創業家。

在稻盛先生的實際人生中，他的成功之路波折迭起。童年時期貧病交迫，升學不順，就業幾經挫折。他的人生開端絕非幸運順遂，成功也非命中注定。

然而，稻盛先生卻能將這些不利條件逐一轉為成功的礎石。如果稻盛先生生長在富裕的家庭，一路從一流大學到中央政府或大型企業就職，或許就不會埋首於結果難以預料的實驗中，創立精密陶瓷這類新興企業吧？他最初任職的公司規模既小又窮困，容不下稻盛先生的技術與熱情，結果反倒值得慶幸。

「將不利化為有利」——這是從豐臣秀吉到松下幸之助等成功人士的共

通點。他們的人生乍看之下，充滿了接二連三的驚人好運，被認為是數萬名挑戰者中罕見的幸運兒。但是這絕非偶然。與眾不同的使命感（mission）、熱情（passion）和人生觀（philosophy），才是造就幸運的根基。

世上為追求成功鋌而走險的人比比皆是，但鮮少有人能同時具備明確的使命感、強烈的熱情以及透澈的人生觀。絕大多數的人短視近利、沽名釣譽，或為些許成就而得意忘形。雜誌或電視所報導的新興企業創業者中，許多人後來都因經營不善而宣告失敗，便是屬於上述情形。

拜讀了稻盛先生的著述後，儘管他在書中一再強調其幸運來自於友人，但是原因即在於他散發著讓人折服的使命感。

回顧京瓷的歷史，無不挑戰極限，完成一項項艱鉅的研發任務和生產訂單，成功案例多不勝數。例如克服了國際頂尖企業嚴格的規格標準要求和文化差異，陸續獲得松下、快捷（譯註：Fairchild Semiconductor，半導體公司）、ＩＢＭ等大客戶的青睞。這些看似蠻幹之下的好運，之所以能夠化不可能為可能，全是稻盛先生及員工上下滿懷熱情所致。

而用這份熱情感染全體集團員工的，絕對是稻盛先生的思想，也就是他貫徹於人生和企業經營中的理念哲學。

許多讀者或許會認為本書不過是在緬懷戰後日本的企業文化，以及高度經濟成長期等「古老美好的回憶」。然而，即使形式與對象改變，我想今後仍會誕生因共同理念產生共鳴的集體力量吧。

使命感可說是夢想，熱情則是抱負，至於思想理念，便孕育出對現狀的憤慨。成功的創業者有三項共同特徵，即是恆久不熄的夢想、抱負與憤慨。因為如此，真正的創業者才會憂憤於現實中的不滿，不斷激起改革的欲望

稻盛先生以個人資產成立龐大財團，用來設置國際性的京都賞，表揚學術、藝術領域的有功之士。同時也不吝援助年輕經營者，對政治亦極為關

注。稻盛先生並於一九九六年成立「日美二十一世紀委員會」，展開了互相討論未來日美關係的長期計畫。

我有幸獲任為該委員會的日方委員長，得以在此實現直言不諱的意見交流，這是官僚體系中無法做到的。不久之後，我入閣擔任經濟企劃廳長官，之所以不必透過中間人而直接與美國財政部長及總統顧問進行長時間的討論，全憑當時建立起來的人脈。

稻盛先生這種無止盡的夢想、抱負和憤慨，有時或許會令現有的組織和權力對其心生畏懼。即便如此，仍是不畏不懼、不厭其煩地予以實踐，才是不安於小成的真正改革者。

但願讀者們在閱讀這本履歷自傳之餘，能從書中所述的各個事件及現象，解讀其中所蘊含的理念。

國家圖書館出版品預行編目（CIP）資料

稻盛和夫　愈挫愈勇（暢銷紀念版）：親筆自傳／稻盛和夫著；朱淑敏、林品秀、莊雅琇合譯. -- 第三版. -- 臺北市：天下雜誌股份有限公司，2024.10
336 面；14.8×21 公分. --（天下財經；540）
譯自：稻盛和夫のガキの自叙伝　私の履歴書
ISBN 978-986-398-988-2（平裝）

1. CST：稻盛和夫　2. CST：傳記

783.18　113003613

天下財經 540

稻盛和夫 愈挫愈勇（暢銷紀念版）

親筆自傳

稻盛和夫のガキの自叙伝―私の履歴書

作　　者／稻盛和夫 Kazuo Inamori
譯　　者／朱淑敏、林品秀、莊雅琇
封面設計／Dinner Illustration
內文排版／顏麟驊
校　　稿／莊淑淇、陳莉萍、梁瀞文、蕭雅文、陳艾妮、賀鈺婷、張齊方

天下雜誌群創辦人／殷允芃
天下雜誌董事長／吳迎春
出版部總編輯／吳韻儀
專書總編輯／莊舒淇（Sheree Chuang）
出版者／天下雜誌股份有限公司
地　　址／台北市 104 南京東路二段 139 號 11 樓
讀者服務／（02）2662-0332　傳真／（02）2662-6048
天下雜誌 GROUP 網址／ http://www.cw.com.tw
劃撥帳號／ 01895001 天下雜誌股份有限公司
法律顧問／台英國際商務法律事務所・羅明通律師
印刷製版／中原造像股份有限公司
總 經 銷／大和圖書有限公司　電話／（02）8990-2588
出版日期／ 2011 年 11 月第一版第一次印行
2019 年 8 月第二版第一次印行
2024 年 10 月 30 日第三版第一次印行
定　　價／ 480 元

書號：BCCF0540P
ISBN：978-986-398-988-2（平裝）

直營門市書香花園　地址／台北市建國北路二段 6 巷 11 號　電話／02-2506-1635
天下網路書店　shop.cwbook.com.tw　電話／02-2662-0332　傳真／02-2662-6048